Pinchas Lapide

Entfeindung leben?

Gütersloher Verlagshaus

Die Deutsche Bibliothek – CIP-Einheitsaufnahme

Lapide, Pinchas:
Entfeindung leben? / Pinchas Lapide. – Gütersloh:
Gütersloher Verl.-Haus, 1993
ISBN 3-579-02205-9

ISBN 3-579-02205-9

Umschlaggestaltung: HTG Werbeagentur, Bielefeld
Umschlagabbildung: Emil Nolde: »Streitgespräch«.
Aquarell aus der Reihe der »Ungemalten Bilder« 1938/45.
Sammlung der Nolde-Stiftung Seebüll.

Gesamtherstellung: Clausen & Bosse, Leck
Printed in Germany

Inhalt

Das Prinzip Entfeindung

Hat Jesus von Nazareth seine Mit- und Nachwelt überfordert, als er zur »Feindesliebe« aufrief?

Steile Forderungen um des menschlichen Miteinander willen hat er wohl gestellt – aber machbar waren und sind sie allemal, wenn auch mit großer Mühe.

Die hebräischen Bibelgebote der Nächsten- und der Fremdenliebe verlangen in der Tat keine Gefühlswallungen, die unserem Naturell zuwiderlaufen; konkrete Liebeserweise sind damit gemeint, die jedermann, der guten Willens ist, zu leisten vermag. Ein Einsatz also, in dessen Fahrwasser sich Entgegenkommen und Zuneigung einstellen können.

Ganz in diesem biblischen Sinn ist auch das Gebot der »Feindesliebe« des Nazareners zu verstehen: als Aufruf, dem Feind Zeichen der Friedfertigkeit zu signalisieren, ja, mehr noch: Vorleistungen zu erbringen, die den Stifter jedoch nicht ausliefern oder verunsichern dürfen.

Hier besteht gute Aussicht zur Anbahnung einer Verständigung – ohne übermenschliche »Feindesliebe« zu fordern.

Jesu Angebot zielt also darauf ab, den Feind zunächst in unserer Voreingenommenheit zu ent-dämonisieren, ja, zu *entfeinden*, in der Zuversicht, daß unsere Neu-Einstellung seine Feindseligkeit entgiften werde. Ein sinnverwandter Bericht aus dem Talmud bezeugt eine beeindruckende Anwendung dieses Zuganges. Dort lesen wir:

»Einige zügellose Gesellen wohnten in der Nachbarschaft von Rabbi Meir, die ihm arg zusetzten. Rabbi Meir betete gegen sie. Da sprach seine Frau Beruria zu ihm: ›Was kommt Dir in den Sinn?! Etwa weil geschrieben steht: – Es mögen die Sünder verschwinden! – (Ps 104,35). Steht denn wirklich geschrieben: *Sünder*? Keineswegs! Denn wir können ja dasselbe Wort auch als *Sünden* lesen (wie es die vokallose Orthographie im Hebräischen erlaubt). Außerdem, verfolge doch den Vers bis zum Ende! Dort steht: Dann wird der Frevler keiner mehr sein. Sobald also die

Sünden verschwinden, wird es auch keine Frevler mehr geben. Bete also *für* sie, damit sie in Reue umkehren! Dann wird der Übeltäter ein Wohltäter werden.‹ Da betete er *für* seine Verfolger, und in der Tat, sie kehrten in Reue um.« (Berachot 10a).

Ganz in diesem Sinn stünde es uns allen – zu dieser Zeit der Nachwehen des Kalten Krieges – gut an, auf Prestige und Rechthaberei zu verzichten, Animositäten zu entschärfen und Konflikte zu schrumpfen, um einem friedlichen Miteinander nachzujagen, wie es der Psalmist empfiehlt (Ps 34,15).

Trotz dem Fall der Mauern werden heutzutage alt-neue Feindbilder noch immer zugespitzt, und Vorurteile werden weiterhin geschürt.

Es geht also nicht um Feindesliebe, sondern um *Entfeindungsliebe* (ein Begriff, den ich mir erlaubt habe zu prägen.)

Auch die Geschichte vom *Exodus* aus Ägypten lehrt uns, daß es leichter ist, die Fesseln der Knechtschaft abzuwerfen, als die Mauern der Versklavung im Denken der Befreiten abzubauen.

Nach Jesu und Berurias Vorbild gilt es – um unser aller Willen –, die Feindschaft abzuschaffen, auf daß Feinde sich friedlich näher kommen mögen. Als Denkanstoß sollte uns ein dem letzten Rabbiner von Berlin (der Nazizeit) zugeschriebenes Gebet dienen. Bei seiner Befreiung aus Theresienstadt stellte Leo Baeck sich schützend vor die deutsche Wachmannschaft und bewahrte sie so vor Vergeltungsakten der überlebenden Häftlinge. Sein Anliegen war eindeutig:

»Friede sei den Menschen, die bösen Willens sind, und ein Ende sei gesetzt aller Rache und allem Reden von Strafe und Züchtigung ... Aller Maßstäbe spotten die Greueltaten ... Darum, oh Gott, wäge nicht mit der Waage der Gerechtigkeit ..., sondern laß es anders gelten! ... Friede werde wieder auf dieser armen Erde über den Menschen guten Willens, und daß Friede auch über die anderen komme.«

Das *Prinzip Entfeindung* überfordert niemanden. Wohl aber verlangt es den Verzicht auf althergebrachte Absolutheitsansprüche, elitäre Besser-Wisserei und die Ausmerzung aller Verteufelung der Gegenseite. Gegner wird es wohl immer geben; Feindschaft jedoch muß – um Himmels willen – aus der Welt geschafft werden. Auch Konrad Raiser, der Generalsekretär des Ökumenischen Rates der Kirchen in Genf, hat diese Gedanken in seiner Predigt bei der Schlußversammlung des 25. Deutschen Evangelischen Kirchentages in München am 13. Juni 1993 aufgenommen:

»Die Praxis der Hoffnung«, so sagte er, »beantwortet Feindschaft nicht mit Feindschaft, sondern ist ... auf *Entfeindung* bedacht.«

Leicht und billig ist das Prinzip nicht zu verwirklichen. Aber angesichts der Risiken heutiger Konfrontationen zwischen Arm und Reich, Nord und Süd, von Religionsfehden und Stammesrivalitäten darf eine freiwillige Teil-Askese in den Wohlstandsländern keine Unzumutbarkeit darstellen.

Es gilt, nicht alles Habhafte besitzen zu wollen, nicht alles Machbare durchzuführen, und, um der Umwelt willen, nicht alles zu verzehren, was da kreucht und fleucht.

Wenn wir nicht bald den Weg zur versöhnten Eintracht-in-der-Vielfalt finden, könnten wir alle, Halleluja gegeneinander singend, miteinander untergehen, was Gott verhüten möge!

Kann man mit der Bergpredigt Staat machen?

Einer der schönsten Abschnitte im Neuen Testament ist zweifelsohne die sogenannte Bergpredigt, die – mit Recht – auch zu den Meisterwerken der Weltliteratur gehört. Das Malheur dabei ist nur, daß sie ihren Lesern einen Weltrekord an Moralität zumutet, der, ehrlich gesagt, den Durchschnittsmenschen bei weitem zu überfordern scheint.

»Jeder, der eine Frau begehrlich ansieht, hat schon im Herzen Ehebruch begangen ...« so heißt es hier ganz unzweideutig – auf griechisch. Wer weiß schon, daß sich hinter der griechischen Vokabel »Frau« eine hebräische »Ehefrau« verbirgt, die zu Jesu Lebzeiten durch ihre Haartracht und Haube von weitem als solche erkennbar war. Wer als Junggeselle eine unverheiratete Frau nicht begehrlich ansieht, sollte zum Psychiater gehen. »Wer seinen Bruder einen Dummkopf nennt, der ist der Hölle verfallen«, so heißt es in der Folge. Das sollte man in goldenen Lettern auf den Portalen des Bundestages in Bonn einmeißeln. »Wenn jemand dich auf Deine rechte Backe schlägt, dem biete auch die andere dar. So heißt es gleich danach.

Kein Wunder, daß Martin Luther behaupten konnte, die Bergpredigt gehöre nicht auf's Rathaus, denn mit ihr lasse sich nicht regieren. Bismarck ging einen Schritt weiter, indem er erklärte, die Bergpredigt sei nur für das persönliche Verhältnis Einzelner gedacht – nicht aber für das öffentliche Leben, von der Politik ganz zu schweigen.

Was hat nun ein gläubiger Jude wie ich mit Jesus und der Bergpredigt zu tun? Eine völlig legitime Frage, die aber aus Höflichkeit in der Regel öffentlich nicht gestellt wird. Daher will ich es selber tun, denn letzten Endes liegt in ihrer Beantwortung meine Beglaubigung, als Jude zu Christen über eine zentrale Thematik der Kirche sprechen zu dürfen. Und da es eine ökumenische Frage ist, will ich mich zweier christlicher Aussagen bedienen, die an meiner Statt die Antwort liefern.

Die Katholische ist jünger und stammt vom heutigen Papst – in seiner Ansprache in Mainz anno 1980, wo er sagte: »Wer Jesus Christus begegnet, begegnet dem Judentum.« Dem fügte er hinzu, daß er hoffe, jeder Christ möge sich diese Einsicht zueigen machen – was die katholische Bischofskonferenz in Fulda kurz darauf auch tat, nämlich: in ihrer Erklärung über das Verhältnis der Kirche zum Judentum vom 28.4.1980. Jahrhunderte zuvor, anno 1523, hatte Martin Luther geschrieben: »Wenn ich jünger wäre, würde ich die hebräische Sprache lernen, denn ohne sie kann man die Heilige Schrift nimmer mehr recht verstehen. Denn das Neue Testament, obs wohl Griechisch geschrieben ist, doch ist es voll von *Ebraismis* und ebräischer Art zu reden. Darum haben sie recht gesagt: Die Ebräer trinken aus dem Bornquell; die Griechen aber aus den Wässerlin, die aus der Quelle fliessen; die Lateinischen aber aus den Pfützen.« (Ich bin nicht immer der Meinung Martin Luthers, aber hier stimme ich ihm ohne Abstriche zu!) Wir wollen sowohl den Papst und seine Bischöfe als auch Martin Luther beim Wort nehmen, und diese Bergpredigt einmal gegen den griechischen Strich bürsten – um zurück zu gelangen zu jener Urfassung in der jüdischen Muttersprache Jesu, in der diese Rede, so oder in ähnlicher Form, ursprünglich gehalten und dann auch festgehalten wurde; Jahrzehnte ehe sie in die Hände der Griechen fiel.

Die Aufgabe, mit der wir konfrontiert sind, ist also vorerst sprachlicher Natur: Es gilt, jesuanischen Weizen von hellenistischer Spreu zu trennen. Anders gesagt: Die Redaktion des Matthäus von der Tradition der Apostel abzuschälen, um dem Wortlaut Jesu so nahe zu kommen, wie es nur menschenmöglich ist. Nur so können wir hoffen, der grundliegenden Hebraizität der Botschaft Jesu gerecht zu werden, die auf Schritt und Tritt alle seine Aussagen, seine Reden und Predigten – aber vor allem seine Bergpredigt, wie ein roter Faden durchzieht. Dies gilt vor allem für jene Spitzenaussage jesuanischer Ethik, die als die »Feindesliebe« weltberühmt geworden ist. Hier heißt es im griechischen Text des Evangelisten Matthäus: »Ihr habt gehört, daß gesagt ist: Liebe Deinen Nächsten und hasse Deinen Feind! Ich aber sage Euch: Liebet Eure Feinde und betet für die, die Euch verfolgen, damit Ihr Söhne eures Vaters im Himmel werdet!« (Mt 5,43 ff.)

Nehmen wir diesen Absatz einmal unter die jüdische Lupe: Der erste Satz dieser wohlbekannten Stelle enthält ein alttestamentliches Gebot: »Liebe Deinen Nächsten wie Dich selbst!« (Lev 19,18), das Jesus anderswo auch als »das erste Gebot« betont (Mt 22,39); gefolgt von einer Unwahrheit, die unmöglich von Jesus selbst stammen kann. Nämlich: »Hasse Deinen Feind!« Auch die katholische »Jerusalemer Bibel« muß betreffs des angeblich gebotenen Feindeshasses zugeben: »Der zweite Teil dieses Gebotes steht nicht im Alten Gesetz, kann hierin auch nicht stehen.« Es wird angenommen, daß der Endredaktor des Evangeliums, das über 40 Jahre nach Jesu Tod niedergeschrieben wurde, gemäß den damaligen politischen Umständen im Römischen Reich diesen Zusatz hinzugefügt hat. Das Gegenteil des Feindeshasses liegt dem Judentum viel näher: »Wenn Dein Feind zu Fall kommt, freue Dich nicht, und wenn er stürzt, frohlocke nicht Dein Herz!« So heißt es schon in den Sprüchen Salomos, und gleich auf der nächsten Seite lesen wir: »Wenn Dein Feind hungert, so speise ihn mit Brot. Wenn er durstet, so tränke ihn mit Wasser!«

Alles schön und gut, aber wie steht's um die Praxis? »Auch den besiegten Feind haben wir immer mit Güte behandelt.« So berichtet Flavius Josephus über die Anwendung der jüdischen Liebesgebote im 1. Jahrhundert. Kurzum: Schadenfreude, Feindeshaß und Vergeltung des Bösen mit Bösem sind im Judentum ausdrücklich verboten, während Großmut und Liebesdienste für den Feind in der Not geboten werden – aber Feindesliebe als moralisches Prinzip scheint doch alles normale Menschentum zu übersteigen.

Mit Recht stellt sich daher in der christlichen Theologie die Frage nach der Erfüllbarkeit: Ist das nicht zuviel verlangt? Kann man diejenigen lieben, die uns hassen und uns Böses antun? Ist das nicht eine moralische Illusion? Die Antwort auf diese berechtigten Fragen, die erst bei der Rückübersetzung der Worte Jesu ins Hebräische, also: in seine Muttersprache, zu Tage tritt, diese Antwort besagt klipp und klar: Hier wird weder Sympathie für Feinde noch Schwärmerei oder gar Gefühlsduselei gefordert. Denn weder Gefühle noch das Martyrium können befohlen werden, wohl aber »das Tun« – das häufigste Zeitwort im jesuanischen Sprachschatz.

Und in der Tat, steht im Gebot der Nächstenliebe (Lev 19,18) »Liebe Deinen Nächsten« nicht im Akkusativ, sondern im Dativ – eine Wortfolge, die sich nicht übersetzen, sondern nur umschreiben läßt – wie etwa: Erweise ihm Liebe durch Handwerk, nicht durch Mundwerk! Oder: Tue ihm Liebe an – was besagen will, daß weder eine Herzensregung noch Empfindungen gefordert werden, sondern praktische Liebeserweise, wie etwa Krankenbesuche oder das heimliche Geben von Almosen, Brot für die Hungernden – mit einem Wort: All die tausende von wirksamen Liebestaten, die Vertrauen schaffen, Feindseligkeit abbauen und die Liebe fördern.

Da Jesus in parallelen Kontrastpaaren zu lehren pflegte, muß daher auch die Steigerung »Liebet eure Feinde« im ursprünglichen semitischen Wortlaut als im Dativ verstanden werden, der keineswegs zur platonischen Feindesliebe auffordert, sondern zum versöhnlichen Umgang mit dem Gegner, der einzig und allein dessen Entfeindung bezweckt. Daß es Jesus um eben die »Entfeindung« durch tatkräftige Versöhnlichkeit geht, bezeugt der Vers zuvor: »Wer dich nötigt, eine Meile weit zu gehen, mit dem geh' zwei!« Gemeint war der berüchtigte Frondienst der Römer, der es jedem Legionär erlaubte, sein Sack und Pack jedem vorbeigehenden Juden aufzuhalsen, um ihn eine Meile lang als Lasttier zu mißbrauchen. Zum Ende dieser Strecke konnte der Jude dem Zwingherren sein Gepäck vor die Füße werfen und entfliehen, oder er konnte schon vorher das Weite suchen, was jedoch mit drakonischen Strafen geahndet wurde. Jesus schlägt eine dritte Handlungsweise vor: den Frondienst nach der Vorschriftsmeile in ein freiwilliges Geleit zu verwandeln, um den erstaunten Römer durch Zuvorkommenheit im besten Sinne des Wortes zu entfeinden. Alle Wahrscheinlichkeit spricht dafür, daß sich im Laufe der zweiten Meile ein freundschaftliches Gespräch zwischen Jude und Römer anbahnt.

Anders gesagt: Jesus fordert seine Jünger auf, einen freiwilligen Anfang in Form einer einseitigen Vorleistung zu machen, um so den blutigen Teufelskreis von Haß und Gegenhaß, von Gewalt und Gegengewalt zu sprengen, der seit Jahrtausenden schon die gesamte Weltgeschichte in eine endlose Verkettung von Schlachten und von Schlächtereien entarten ließ. Dagegen bäumt sich Jesus auf, indem er uns allen ins Gewissen redet. Weder Sympathie noch Machtverzicht und schon gar nicht: Selbst-Entblößung werden hier verlangt, sondern einzig und allein die vernünftige Förderung einer friedliebenden Aussöhnung! Den Ersten Schritt zum Gegner hin sollt Ihr machen, nicht mehr – aber auch nicht weniger!

Alles schön und gut – aber wie kann man das alles in den grauen Alltag umsetzen? So fragten schon zu Jesu Lebzeiten etliche Skeptiker in Galiläa. Die Antwort liefert eine rabbinische Parabel, die den Kochtopf als Vorbild für alle Friedensstifter hochhält und empfiehlt. Denn jeder bescheidene Kochtopf vollbringt ja, ohne viel Federlesens zu machen, ein tagtägliches Wunder, das auch die Politiker anregen sollte. Indem sein dünner Boden zwei feindliche Elemente, nämlich: Feuer und Wasser, voneinander trennt, versöhnt er die beiden keineswegs – aber dennoch bringt er es fertig, sie zur friedlichen, konstruktiven »Zusammenarbeit« zu bewegen. Eine kulinarische Kooperation, aus der das Gute in der Gestalt des schmackhaften Küchensegens hervorgeht, der dann allen Parteien mundet, ohne von ihnen Verzicht oder Selbstaufgabe zu verlangen. Keine geringe Leistung in allen Epochen unserer zerstrittenen Weltgeschichte, eine Leistung, die auch heutzutage ihre volle Relevanz beibehält.

Was also ist die *Entfeindungsliebe*, wie Jesus sie uns nahelegt? Sie beruht vor allem auf einem Realismus, der die Übel dieser Welt als Tatsachen akzeptiert – auch die Feindseligkeit, aber: als Herausforderung, um sie aus der Welt zu schaffen! Feindschaft gibt es wohl – aber es muß sie nicht für immer geben, denn, wie Jesus uns empfiehlt, gilt es die Feindschaft zu bekämpfen – aber nicht den Feind.

Derselbe realistische Idealismus beseelt auch die zweite Spitzenaussage der Bergpredigt: »Wer dich auf die rechte Backe schlägt, dem halte auch die andere hin!« (Mt 5,39) Hier ist vorerst zu bemerken, daß das im Normalfall gar nicht geht! Versuchen Sie doch einmal, eine Person, die vor Ihnen steht, auf die rechte Backe zu schlagen! Nur Linkshänder oder Akrobaten bringen das fertig.

Da Jesus jedoch zu keinem dieser beiden gehörte, müssen wir tiefer schürfen, um seiner Aussage gerecht zu werden. Auch hier hilft uns der Talmud aus der Klemme. Im Traktat über Körperverletzungen lesen wir: »Wenn jemand seinem Nächsten eine Ohrfeige gibt ... so zahlt er ihm vor dem Richter 200 Sus, etwa 80 Mark als Wiedergutmachung ... Geschah es aber mit verkehrter Hand, also mit dem Handrücken, so zahlt er ihm 400 Sus – das Doppelte.« Warum? Der Schlag mit dem Handrücken schmerzt zwar weniger, gilt aber als Geste der Verachtung, die größeren Schimpf verursacht und zwiefach bloßstellt und blamiert. Also nicht von Schmerzensgeld allein ist hier die Rede, sondern von einer gezielten Verunglimpfung, auf die Jesus den Seinen empfiehlt, mit äußerster Zurückhaltung zu reagieren. Wer jemanden auf die rechte Backe schlägt, will ihn nicht umbringen, sondern öffentlich beleidigen. Das Hinhalten der anderen Backe ist daher als Demutsgebärde gemeint, die eine zweite Ohrfeige vermeiden will, indem sie dem Gegner ohne Umschweife zu verstehen gibt, daß ich meine Unterlegenheit eingestehe, so daß sich seinerseits jede weitere Demütigung meiner Person erübrigt. In der Welt der Raubtiere ist diese Geste seit Jahrhunderttausenden bekannt: Der besiegte Löwe, Tiger oder Jaguar bietet dem Sieger die Schlagader dar – als Zeichen seiner Unterwerfung – womit seine Ermordung vermieden wird.

Homo homini lupus! So erklärten einst die machtbesessenen Römer das Wesen des Menschen. Auf Deutsch: Der Mensch ist dem Menschen ein Wolf. Die moderne Verhaltensforschung hat bewiesen, daß dies eine gemeine Verleumdung ist! Kein Wolf ist seinem Mitwolf je ein Mensch gewesen! Atombomben, Gaskammern und Massenmord sind Monopole des »homo sapiens«. Die Zweikämpfe wehrhafter Tiere, wie z. B. Wölfe, werden nicht durch Tötung beendet, sondern durch die Demutsgebärde des Unterlegenen. Solche Selbstbegrenzung aus Tötungshemmung sollte auch für Zweifüßler gelten – wenn die Menschheit nicht dem Globozid oder dem Biozid zum Opfer fallen will. Nach dem Genozid ist Geozid nicht undenkbar. Auf das läuft die Entfeindungsliebe letzten Endes hinaus!

Zu klären bleibt noch der Sinn des scheinbar selbstmörderischen Auftrages Jesu zur passiven Selbstauslieferung an das Böse: »Ihr habt gehört, daß gesagt wird: Auge um Auge, Zahn um Zahn. Ich aber sage Euch: Widersteht dem Bösen nicht!« (Mt 5,38f.) Soweit der Text – nun zu dessen Analyse: Der erste Satz bringt ein Rumpf-Zitat aus dem Alten Testament, in dem der Endredaktor des Evangeliums lange nach Jesus das Zeitwort weggelassen hat, so daß wir gar nicht wissen können, was mit »Aug' um Aug'« oder mit »Zahn um Zahn« eigentlich geschehen soll. Aus dieser beabsichtigten Lücke folgern christliche Leser seit 1900 Jahren, daß es »Nimm Aug' um Aug'« und »Nimm Zahn um Zahn« heißen sollte – was sie als eine Art Freibrief für den Geschädigten deuten, sich selbst zu rächen, indem er Böses mit Bösem vergilt. Da ist man dann schnell zur Hand mit antisemitischen Klischees. Im hebräischen Urtext (Ex 21,24) jedoch steht ausdrücklich: »Gib Auge anstelle von Auge; gib Zahn anstelle von Zahn!« – was eindeutig an den Schädiger adressiert ist, der vor dem Richter Wiedergutmachung in Form einer Abgeltung durch Schadensersatz leisten muß. Dies ist das genaue Gegenteil von der populären Auffassung, die Jesus in den Mund gelegt wird. Es ist also keinerlei Berechtigung für den Geschädigten herauszulesen, sich selbst mit Gewalt zu seinem Recht zu verhelfen. Auch hier hat der Endredaktor um die Wende des ersten Jahrhunderts n. Chr. antijudaistische Tendenzen in Jesu Worte hineinprojiziert.

Dasselbe gilt auch für die Aussage: Widersteht dem Bösen nicht! (Mt 5,39). Hätte Jesus so etwas gesagt, so hätte er seine eigene Friedenslehre Lügen gestraft – worauf ich noch zurückkomme. Hier ist ein verläßlicher Zeuge Dr. Franz Kamphaus, der katholische Bischof von Limburg, der in einer amtlichen Veröffentlichung der deutschen Bischofskonferenz vom 05.09.82 feststellt: »Dieser Aufruf, keinen Widerstand zu leisten, ist erst durch den Evangelisten Matthäus eingefügt worden.«

Wenn also Jesus nicht gesagt hat: »Widersteht dem Bösen nicht!« – was mag er wohl gesagt haben? Auf der Suche nach Jesu ursprünglichem Wortlaut fällt der 8. Vers im Psalm 37 auf, auf den nicht weniger als fünf andere Verse in der Bergpredigt anklingen (Verse 9, 11, 21, 22, 23). Dort lesen wir: »Übertrumpfet Euch nicht im Unrecht-Tun.« So heißt es dort in poetischer Bibelsprache, wobei das letzte Zeitwort »leharea« vom griechischen Übersetzer offensichtlich als »dem Bösen« mißverstanden worden ist – ein häufiger Fehler der Evangelisten, welcher der Vokallosigkeit der hebräischen Orthographie zuzuschreiben ist. Ursprünglich gemeint war: Ausbruch aus dem Teufelskreis von Unrecht-Tun, das immer neues Unrecht heraufbeschwört; ein Durchbruch durch die unheilvolle Eskalation von gegenseitiger Vergeltung, die immer schlimmere Folgen mit sich bringt; Sprengung der angeblichen Sachzwänge, die Angst, Verdacht und Mißtrauen durch Gewalt bekämpfen wollen – indem Du den Mut aufbringst, dem Übel in den Arm zu fallen und den Gegner durch Klugheit und Güte entwaffnest.

Anders gesagt: Hier ergeht eine Aufforderung, diese Welt nicht den Übeltätern zu überlassen, um den Sieg des Guten ins Jenseits zu verschieben. Es gilt, bereits hier auf Erden für Recht und Gerechtigkeit einzutreten, indem man dem Bösen möglichst gewaltlos widersteht! Das bedeutet keineswegs Nachgiebigkeit gegen das Böse, sondern den Sieg über das Böse, dem Du nicht auf seinem eigenen Boden entgegentrittst, sondern ihm überlegen bleibst, indem Du Unrecht mit Recht, Lüge mit Wahrheit und Gewalt mit Geist bekämpfst – soweit das mit Nächstenliebe vereinbar ist. Mit einem Wort: Du sollst größer sein als das Böse – und die Bösen –, um beide zu überwinden, aber auch um zu überleben! Denn mit Deinem Dahingemordetwerden ist niemandem auf Erden gedient – auch dem lebendigen Gott nicht, der ein Gott des Lebens und nicht des Todes ist. Umgekehrt muß man nur nüchtern zu Ende denken, was hier unsereinem *angeblich* zugemutet wird. Wir werden zur schweigenden Passivität verurteilt, um uns schutzlos den Boshaften auszuliefern und ihnen freie Bahn zu gewähren. Das wäre in der Tat auch ein Rezept für den Frieden – aber es wäre ein Friedhofsfrieden, in dem die Erde lautlos die Guten und die Schwachen zudeckt und die Gewalttäter triumphieren.

Jesu Auftrag an seine Jünger hingegen hieß: Klug wie die Schlangen und zugleich sanft wie die Tauben zu sein – also? eine Kombination von Friedfertigkeit und gesundem Menschenverstand. Vernünftig kann aber keine bedingungslose Selbstpreisgabe sein, denn dem widerspricht nicht nur die Heiligkeit des Menschenlebens, die der Leitstern der ganzen Bibel ist, sondern auch das berühmte Schwertwort Jesu, das als Auftrag an dieselben 12 Jünger ergeht, die der Adressat der Bergpredigt sind. In Lukas 22 lesen wir: »Und Jesus sprach zu ihnen: Als ich Euch ohne Börse, Tasche und Sandalen ausgesandt habe, mangelte Euch an etwas? ... Jetzt aber sage ich: Wer eine Börse hat, der nehme sie und kaufe ein Schwert; und wer keine hat, der verkaufe seinen Mantel und kaufe ein Schwert! ... Sie aber sprachen: Herr, siehe hier sind zwei Schwerter. Er aber sprach zu ihnen: Es ist genug!« (Lk 22,35–36) So weit der Text des Evangeliums.

Drei Dinge lernen wir aus dieser aufschlußreichen Episode, die so ganz und gar dem sanften Jesusbild des Lukas widerspricht und daher umso glaubwürdiger als vorlukanische Überlieferung aus dem jüdischen Jüngerkreis des Nazareners gelten darf:

1. Daß mindestens zwei der Jünger gar nicht auf Jesu Ratschlag gewartet hatten, sondern sich schon zuvor – sein Einverständnis voraussetzend – Schwerter besorgt hatten. In der Tat rügt sie Jesus nicht, wie wir vielleicht erwartet hätten.
2. Daß Jesus sich mit zwei Schwertern für 13 Mann begnügt: was sicherlich nur zur Verteidigung reichen konnte – keineswegs als Verlockung zur Aggression.
3. Nicht zuletzt aber muß das damalige Römergesetz erwähnt werden, das allen Juden das Tragen von Schwertern auf's Strengste verbot, wobei Zuwider-Handelnde häufig als Rebellen gekreuzigt wurden.

Wohl gemerkt: Nicht nur das Verwenden, sondern bereits das Tragen von Schwertern war todessträflich! So war also Jesus bereit, der vernünftigen Selbstwehr den Vorrang einzuräumen, auch gegen das Gesetz der heidnischen Besatzungsmacht; all dies, um das Leben und die Sicherheit der ihm Anvertrauten zu gewährleisten. Wir lernen also, daß eine Anregung zum Selbstmord sich aus Jesu Lehre genau so wenig folgern läßt, wie der radikale Pazifismus nicht aus der Bibel einzuklagen ist.

Man mag nun fragen: Nachdem der Schwertkauf der Jünger erörtert wurde als Auftrag Jesu beim Aufstieg nach Jerusalem: Wieso sagt derselbe Jesus in Gethsemane drei Tage danach zu Petrus: »Stecke das Schwert zurück in die Scheide« (Joh 18,11)? Klingt das nicht paradox? Keineswegs! Jesus bleibt sich selber treu und widerspricht sich keineswegs, obwohl es auf dem Papier so scheinen mag. Auf dem gefährlichen Weg hinauf nach Jerusalem benötigte die Gruppe Schwerter zur Selbstverteidigung. Das Gebiet, das sie durchqueren mußten, war nämlich sprichwörtlich verrufen als Schlupfwinkel von Wegelagerern und Räubern. Daher verantwortet Jesus die Schwerter um des Überlebens willen! In Gethsemane hingegen, so erzählt uns das Neue Testament, waren die Schwerter bereits in Benutzung der Jünger. Sonst wäre ja kein Ohr des Malchus, wie wir lesen, im Getümmel abgehauen worden – ein Ohr, das wohl stellvertretend erwähnt wird, für so manches andere verletzte Körperteil der Soldaten der römischen Kohorte, die die Jünger und Jesus verhaften sollte. Wenn Jesus sagt: »Steckt die Schwerter zurück in die Scheide!« – wissen wir alle, daß die Schwerter bereits in Benutzung waren, was sowohl verboten als auch lebensgefährlich war. Beide Schwertworte Jesu also – sowohl vom Schwertkauf wie auch vom Schwertverzicht – waren zeitbedingt und ortsgebunden richtig – und hatten ihre Berechtigung zum Wohl und zur Bewahrung des Lebens der ihm anvertrauten Jünger, wenn auch unter ganz verschiedenen Umständen. Jesus war weder weltflüchtig wie die Qumranleute noch weltsüchtig wie einige der Sadduzäer. Er war welttüchtig wie Moses, David, Salomo. Als es in Gethsemane hart auf hart ging und die Übermacht der Römer erdrückend wurde (wie wir aus Joh 18 wissen), da sie eine ganze Kohorte von etwa 800 Mann unter dem Befehl eines Bataillonskommandeurs (den das Neue Testament als Chiliarchos uns vorstellt) zum Einsatz brachten, entschließt sich Jesus, die Seinen zu retten. Dies tut er, indem er ihnen befiehlt, die bereits gezückten Schwerter zurück in die Scheiden zu stecken, wonach er sich selbst dem römischen Kommandeur ausliefert. Auch hier ist er sich treu geblieben.

So handelten auch die Widerstandskämpfer von der WEISSEN

ROSE in München und die Männer und Frauen, die am 20. Juli 1944 Hitler gewaltsam zu beseitigen suchten, um Gewalt einzudämmen und zahllose Mitmenschen vor dem sicheren Massenmord zu bewahren. Widerstandslosigkeit wäre in ihrem Fall ein Akt der Feigheit, der Selbstsucht und der gleichgültigen Preisgabe Unschuldiger gewesen – im himmelschreienden Widerspruch zum Geist der gesamten Bergpredigt. Verzicht auf Widerstand hilft auch dem Bösen nicht, der Gewalt ausübt – noch entfeindet es ihn. Ganz im Gegenteil: Es bekräftigt ihn in seiner Feindseligkeit und lädt ihn ein, ungestraft weitere Gewalttaten zu begehen. Ein passives Hinnehmen böser Taten kann nur das Unrecht mehren, die Armen und die Schwachen der Willkür und Gewalt ausliefern, und Nächstenhaß fördern – wie das Dritte Reich und Hitlers »Endlösung« nur allzu deutlich bewiesen haben.

Von der schöpferischen, streitbaren Liebe, die die aufgezwungene Auseinandersetzung weder scheut noch sich kleinkriegen läßt, schreibt auch Paulus, der Heidenapostel, im 12. Kapitel seines Römerbriefes, wo er eine Kurzfassung der Bergpredigt bringt: »Wenn möglich, so viel an Euch liegt, lebet mit allen Menschen in Frieden!« (Röm 12,18) Wobei die ersten Worte ganz unzweideutig sowohl gegen jedwede passive Selbstunterwerfung als auch gegen ein Sich-Heraushalten aus unvermeidlichen Konflikten plädieren. Ein sachlich und moralisch einwandfreier Vorschlag, der vollauf mit Jesu Entfeindungsliebe übereinstimmt – ohne auf Menschenwürde, auf Notwehr und auf Friedfertigkeit zu verzichten.

Der langen Rede kurzer Sinn: Drei Methoden schlägt Jesus vor, um friedensfördernd mit dem Feind umzugehen:

1. Mit demjenigen Feind, der dich nur ausnützen will, gehe eine zweite Meile, um ihn durch Zuvorkommenheit zu *entfeinden*!
2. Den Feind, der dich durch Schläge entwürdigen will, versuche, durch Prestige-Verzicht und Demut geistig zu entfeinden.
3. Gegen den Feind aber, der Dich umbringen will, helfen nur zwei Schwerter: Zur Vorbeugung oder zur Selbstbehauptung; ganz im Sinne Jesu, der den Seinen in einem Gleichnis rät: »Wenn der Starke bewaffnet seinen Hof bewacht, so bleibt sein Besitztum in Frieden.« (Lk 11,21)

Kurzum: Aus Entfeindungsliebe, aus maximaler Nachgiebigkeit, aber auch aus der Bereitschaft zur Notwehr besteht die dreifache Friedensstrategie des Nazareners, die auch heute kein Jota von ihrer Aktualität eingebüßt hat. Sie bedarf nach wie vor der Schlangenklugheit und der Taubensanftmut zugleich, um sie zweckdienlich und besonnen anzuwenden.

Wie diese wenigen Beispiele uns vor Augen führen, können wir durch Neuübersetzung der Evangelien in die Muttersprache des Nazareners häufig seiner Aussage-Absicht wesentlich näher kommen und dunkle Stellen in der Bibel einsichtiger verdeutlichen. Das gilt u. a. auch für das 6. Gebot – nach katholischer Zählung das 5. Gebot, das in den meisten deutschen Bibelübersetzungen als »DU SOLLST NICHT TÖTEN!« wiedergegeben wird. Darauf berufen sich seit langem viele Wehrdienstverweigerer. Nun steht aber im hebräischen Grundtext das Zeitwort »razach«, das einwandfrei »ermorden« und nicht »töten« besagt, wobei der Mord als die böswillige Missetat des Einzelnen gilt. Die Bibel hat also mit dieser Wortwahl die Selbstverteidigung eindeutig in den Bereich des Erlaubten gestellt und den Soldaten, der sein Leben und das seiner Mitbürger verteidigt, nicht zum Mörder entwürdigt.

Nun wird sich so mancher fragen: Was geht uns das alles eigentlich heute noch an – zur Zeit des Zerfalls des Weltkommunismus? Die Antwort lautet: Auch zu dieser Zeit können die Leitlinien der Bibel das Zusammenfinden und das Zusammenleben von Menschen als Individuen und als Volksgemeinschaften humaner und friedlicher gestalten. Jetzt erst recht! Bei all unserer begründeten Freude über die Entschärfung der Konfrontationen in Osteuropa, dürfen wir nicht vergessen, daß in anderen Teilen der Welt noch immer Kriege und Terrorismus toben – die täglich viele Opfer fordern. Leider können wir uns nicht in gelassener Sicherheit wägen, denn von so manchem Krisenherd können noch immer Funken sprühen und nicht betroffene Länder in Brand setzen. Daher ist der Abbau von alten Feindbildern und liebgewordenen Vorurteilen heute so dringlich wie eh und je.

Die Seligpreisungen

Aktualisiert

von

Pinchas Lapide

Selig, die mit den Augen des anderen sehen können
und seine Nöte mittragen,
denn sie werden Frieden schaffen.

Selig, die willig sind, den ersten Schritt zu tun,
denn sie werden mehr Offenheit finden,
als sie für möglich hielten.

Selig, die dem Nächsten zuhören können,
auch wenn er anderer Meinung ist,
denn sie werden Kompromisse fördern.

*Selig, die Kranke, Alte und Behinderte besuchen
denn sie werden niemals einsam sein.*

*Selig, die mit der Heiligung am Frühstückstisch
beginnen, denn sie werden Sinn im Alltag finden.*

*Selig, die ihre Vorurteile überwinden,
denn sie werden die Entfeindung erleben.*

*Selig, die auf ihr Prestige verzichten,
denn an Freunden wird es ihnen nicht mangeln.*

*Selig, die Niederlagen verkraften können,
denn sie werden Menschenbrücken bauen.*

*Selig, die zuerst mit sich selbst rechten,
bevor sie andere richten,
denn sie dürfen auf Gottes Segen hoffen.*

Sind Übersetzungsfehler heilig?

Von großen Folgen kleiner Wörter

»Leben und Tod sind in der Gewalt der Zunge« – das ist ein altes jüdisches Sprichwort, das auf die Weisheit Salomos zurückgeht. Zunge und Sprache sind, wie bekannt, Synonyme. Unser Thema ist natürlich nicht der leckere Kalbszungenbraten, obwohl auch der nicht zu verachten ist. Vom Vorurteil über das Fehlurteil und die Vor-Verurteilung bis zum Rufmord reicht leider die Bandbreite der zünglichen Gewalttaten! Auch Jesus warnt im Neuen Testament, ja sogar in der Bergpredigt, vor den bösen Folgen des Rufmordes, der dem Blutvergießen gleichzusetzen sei. Auch in unserem Computer-Zeitalter – einer Medienbürokratie untertan – wird nach wie vor viel Unheil mittels des Wortes gestiftet. Die Palette der Schäden erstreckt sich von heimtückischen Nadelstichen über elegante Florett-Blessuren bis zu plumpen Hammerschlägen.

In den Genuß von blumigen Wortkränzen, jedoch einschließlich Stilblüten, kommen meistens nur die Verstorbenen. Unbewußt ist aber allerorts die würzige Ausdrucksweise der Bibel ein Werkzeug vieler Rhetoriker, Richter und Volkstribune geblieben, und dies auch in einer angeblich nachchristlichen Gesellschaft, deren Sprecher sich aber noch immer der geschliffenen Wortmünzen der Heiligen Schrift bedienen. In der Tat, nichts Menschliches ist diesem Buche fremd geblieben. Sorgen, Ängste und Gefühle, die uns heutzutage bewegen, waren schon dem Nomaden von anno dazumal ein Problem. Der Propheten Wutausbrüche und Scheltreden, ihre Zornesworte und Liebeslieder spiegeln sich auch in unserer zeitgenössischen Literatur wider.

Die Grundtexte des Alten Testamentes, des Buches der Bücher, sind uns im hebräischen Original überliefert. Schon Dante Alighieri folgerte daraus in seinem Werk »De vulgari eloquentia«, daß Gott also Hebräisch mit Adam und Eva gesprochen haben muß. Das Neue Testament hingegen ist, wie bekannt, auf Griechisch tradiert – obwohl dem Kenner das Hebräische seines Ursprunges zwischen den Zeilen und hinter den Worten ganz unübersehbar entgegenleuchtet. Wie schon gesagt, sind wir alle, ob wir es wissen oder nicht, dem Wortschatz der Bibel tagtäglich ausgesetzt. Wie steht es aber um die Zuverlässigkeit der Übersetzungen? Sind sie uns eine hilfreiche Brücke oder nur eine armselige Krücke?

Von all den 1266 Sprachen, in welche die Bibel bis heute übersetzt worden ist, hat also Hebräisch den besten Anspruch, als Muttersprache beider Testamente zu gelten. Das Neue Testament ist allerdings nur auf Griechisch erhalten, wie es von seinen Endredaktoren 50–70 Jahre nach Jesu Tod niedergeschrieben wurde. Die Umgangssprache zu Jesu Lebezeiten war Aramäisch – ein semitisches Zwillingsidiom des Hebräischen. Jedoch lebte und lebt das Hebräische als heilige Sprache der Schrift, des Gottesdienstes und der Theologie bis auf den heutigen Tag parallel dazu weiter. Nur so können wir uns die 456 alttestamentlichen Zitate im Neuen Testament erklären (deren Häufigkeit ein Tribut an ihre sprachliche Urwüchsigkeit ist), welche auf die unverzichtbare Verbundenheit der Evangelien mit ihrem jüdischen Mutterboden hinweisen.

Groß ist auch die Anzahl der Hebraismen im Neuen Testament, wie zum Beispiel: Amen, Sabbath, Passah, Messias, Rabbi, Hosiannah, Halleluja, Sela, Mammon, Satan – um nur die bekanntesten zu nennen. Ebenso Hebräisch sind in ihrem Ursprung gewiß alle Grundbegriffe der neutestamentlichen Infrastruktur, wie etwa: Himmelreich, Gottesbund, Auserwählung, Vergebung, Gnade, Endzeit, Sühneopfer – ja, das gesamte Vokabular des christlichen Heils entstammt derselben Sprache Israels, zu der auch die Namen des Nazareners und der Apostel gehören: Von Jesus, der Jeschua hieß, über Jakobus, Matthias, Thomas, Joseph, Johannes, Maria, Elisabeth, und Magdalena, bis hin zu Simon Kepha, der als späterer Petrus zum ersten Papst geworden ist.

Aus dieser Übersetztheit der Evangelien hat Martin Luther schon vor 470 Jahren die Unumgehbarkeit der Rückkehr zu den Quellen erahnt. In seinen Tischreden sagte er – wie schon gesagt – anno 1529: »Die Ebräische Sprach ist die allerbeste und reichste in Worten, und rein, bettelt nicht, hat ihre eigene Farbe, so daß es ihr keine nachtun kann. ... Wenn ich jünger wäre, so wollte ich diese Sprache lernen, denn ohne sie kann man Die Schrift nimmermehr recht verstehen. Denn das Neue Testament, obs wohl Griechisch geschrieben ist, doch ist es voll von Ebraismis und ebräischer Art zu reden. Darum haben sie Recht gesagt: Die Ebräer trinken aus der Bornquelle; die Griechen aber aus dem Wässerlin, die aus der Quelle fliessen; die Lateinischen aber aus den Pfützen.« (Tischreden WA I, S. 524f.) Ich bin keineswegs immer mit Luther einer Meinung – hier aber stimme ich mit ihm voll überein.

Ist diese Bibel überholt, falsch übersetzt, oder gar unübertragbar? So wird häufig gefragt. Das Alte Testament, so pflegte Martin Buber zu sagen, ist weder *Alt*, sondern immergrün, noch ist es ein *Testament* – denn Der Lebendige Gott macht ja keine letztgültigen Verfügungen. Wohl aber war es auch die einzige Bibel Jesu und seiner Urgemeinde. Ein *Neues Testament* war ihnen völlig unbekannt! – Bis heute bleibt sie das Lebensbuch des Judentums und der unverzichtbare Mutterboden des gesamten Kirchenkanons.

Ist diese Bibel nach dreieinhalb Jahrtausenden museumsreif geworden? Oder führt sie bloß ein Scheindasein in Klöstern, Synagogen und Fakultäten der Theologie? Daß dieser Sammelband von Gotteserfahrungen in unvergänglicher Frische weiterlebt, bedarf keiner wissenschafltichen Beweisführung. Ein kurzer Spaziergang durch die heutige Umgangssprache hierzuland und das Mediendeutsch beweisen, wie sehr unsere Gedankenwelt und Ausdrucksweise von diesem Buch geprägt sind.

Denn allen wissenschaftlichen Fortschritten zum Trotz, wird der Mensch noch immer ›nackt geboren wie Adam‹, er ist ›ein Erdenkloß‹, gestaltet aus ›Fleisch und Blut‹. Später wird er ›ein gewaltiger Nimrod‹ oder ›keusch wie Joseph‹. Er lebt ›wie im Paradiese‹, und, falls ›ihm ein Licht aufgeht‹, daß ›der Mensch nicht vom Brot allein lebt‹, mag er ›auf einen grünen Zweig kommen‹ und vielleicht zu denen gehören, ›die im Lande bleiben und sich redlich nähren.‹ Falls er aber ›das goldene Kalb anbetet‹, von der ›verbotenen Frucht ißt‹ und dem ›Mammon frönt‹; dann stimmt er ›Jeremiaden vergeblich an‹, dann werden ihm ›die Leviten gelesen‹, denn ›Hochmut kommt vor dem Fall.‹ Er will alt werden ›wie Methusalem‹, auch wenn er ›sein Leid in sich frißt‹.

Der Hörer ist wohl überzeugt, es handle sich hier um eine Blütenlese von urwüchsigen Germanismen. Dem ist nicht so. Jeder dieser landläufigen Ausdrücke ist ein bibelfester Hebraismus, die Martin Luther allesamt so einfühlsam eingedeutscht hat, daß sie, und viele andere mehr, zur Kerngestalt der deutschen Sprache geworden sind. Die Konsequenz liegt auf der Hand: All das Urgestein menschlichen Verhaltens, Hoffens und Glaubens ist noch immer weitgehend alttestamentlich geprägt und nach hebräischer Weise gestaltet.

Dieser unerschöpfliche Born jüdischer Lebensweisheit hat in ähnlicher Weise das ganze Abendland beeinflußt – von Island bis nach Neuseeland, von Norwegen bis hinunter nach Chile. Eine Gefahr, an Aktualität einzubüßen, läuft dieser Sprachschatz eigentlich nur dann, wenn das Menschsein aus der Mode kommen sollte. So nahtlos hat sich dieses Bibelvokabular überall eingebürgert, daß der Normalbürger sich gar nicht seiner hebräischen Denkweise bewußt ist, wenn er Dinge sagt wie etwa: Nächstenliebe, ein Dorn im Auge, Linsengericht, ein Feigenblatt, der Lückenbüßer, ein salomonisches Urteil, ein Heidenlärm, im Schweiße des Angesichts, das Gotteshaus, der Sündenbock, der Landesvater, ein Denkzettel und hunderte von ähnlichen Ausdrücken, die in ihrer Vielfalt nur eine Schlußfolgerung erlauben: Von der Wiege bis zum Grabe wird, sowohl der Christ als auch der Jude, auf Schritt und Tritt an seine hebräischen Bibelwurzeln erinnert.

Kann man die Bibel überhaupt übersetzen? Ist es möglich, ihrer ganzen Aussagekraft in einer Fremdsprache gerecht zu werden? Diese Kernfragen erhalten oft ganz verschiedene Antworten. Wie schwer sich Luther tat bei seiner Übersetzung, bezeugt sein Brief vom 14.6.1528: »Wir mühen uns jetzt ab, die Propheten zu verdeutschen. Was ist das doch für ein großes, beschwerliches Werk, die hebräischen Schriftsteller zu zwingen, Deutsch zu reden! Wie sträuben sie sich, ihre hebräische Ausdrucksweise zu verlassen und sich dem groben Deutsch anzupassen! Es ist als ob man eine

Nachtigall zwänge, ihren melodischen Gesang aufzugeben, um den Kuckuck nachzuahmen, dessen eintönige Stimme sie verabscheut ...« So seufzte einst der Reformator, der sich entschlossen hatte, »dem Volk aufs Maul zu schauen«, um die den Propheten Israels entsprechende Sprachschicht in seiner Muttersprache zu entdecken. Daß er dabei zum Sprachschöpfer geworden ist und die Bibel zum deutschen Lesebuch gemacht hat, ist unbezweifelt. Ob er aber auch sinngemäß und wortgetreu Die Schrift wiedergegeben hat, bleibt bis heute umstritten.

»Übersetzen heißt, zwei Herren dienen; also kann es niemand«, schrieb Franz Rosenzweig vor 70 Jahren, als Martin Buber ihn einlud, gemeinsam mit ihm die Bibel neu ins Deutsche zu übersetzen. Daß er schließlich dennoch diese Aufgabe übernahm und bis zu seinem Todestage im Jahre 1929 weiterführte, beweist vor allem, daß er, mit seinen eigenen Worten, »den Mut zur Bescheidenheit« gewann, »die nicht das Erkannte Unmögliche, sondern das Aufgegebene Notwendige von sich selbst fordert.« Jeder Dolmetscher ist, in der Tat, zwei Gesetzen untertan, die einander um so härter widersprechen, je weiter die Sprache der Urschrift von der Zielsprache entfernt ist. Für Bibelübersetzer kommt zu diesem Dilemma noch ein weiteres: Das Eigenrecht der einzelnen Stelle, die zu Wort kommen soll, und das Gesetz der Harmonie des Ganzen, das zwar Abweichungen und Dissonanzen, aber keinen Widerstreit dulden will. Kein Wunder, daß die Italiener das Sprichwort »Traduttore – traditore« geprägt haben, das jeden Übersetzer als Verräter denunziert. Voltaire drückt dieselbe Wahrheit etwas eleganter aus: Jeder, der ein Meisterwerk der Weltliteratur in der Übersetzung liest – und sei sie auch die beste –, gleicht dem, der ein Rendezvous mit einer schönen Dame hat, und statt dessen mit ihrer Schwester ausgeht – sie mag schön sein, aber sie ist doch nicht die Richtige.

Es gibt im Grunde nur zwei Arten des Umganges mit der Bibel: Man kann sie wörtlich nehmen – oder man nimmt sie ernst. Beides zusammen verträgt sich nur schlecht. Die Wörtlich-Nehmer, die das Motto »Es steht geschrieben« auf ihre Fahnen geschrieben haben, reduzieren Die Schrift zum »papierenen Papst«, der auf eine leblose Dimension beschränkt bleibt. Die Ernst-Nehmer hingegen, die den Mut aufbringen, ihren Text zu hinterfragen, ihn kritisch zu erörtern, um zu seiner ursprünglichen Aussage-Kraft vorzustoßen, werden einen Hauch jenes Geistes erspüren, der zwar weht, wohin er will, aber stetig zu neuen Einsichten verhilft und eine Spur vom lebendigen, unverfügbaren und immer vorwärtsführenden Gott erahnen läßt. Bei jeder Schriftlegung verflüchtigt sich jedoch ein Stück von dem Mysterium, daß sich gegen die Gefangennahme durch Schreiber zur Wehr setzt. Wenn aber diese Schrift dann noch in eine Fremdsprache hinübergetragen wird, so gilt die nüchterne Faustregel: Jede Übersetzung übt Ersetzung; den Urlaut und den Ursinn gibt sie nie ganz wieder, denn keine zwei Sprachen sind deckungsgleich in ihrer Semantik und ihrer Mentalität. Mit den Worten von Franz Rosenzweig: »Für den Übersetzer gibt es eigentlich kein ›Gut‹ und ›Besser‹; nur ein ›schlecht‹ und ein ›weniger schlecht‹.«

Abendländische Übersetzer der Bibel, vor allem Theologen, unterliegen häufig der Versuchung, die Übersetzung »genauer« machen zu wollen als das hebräische Original. Wenn der Urwortlaut nicht in diese oder jene Theorie oder Ideologie hineinpaßt, wird häufig der Text stillschweigend zurechtgebogen. So theologisiert Matthäus die Übersetzung eines Jesaia-Verses zu: »Siehe, die Jungfrau wird empfangen und einen Sohn gebären« (Mt 1,23). Das Wort »Jungfrau« scheint ihm die jungfräuliche Geburt Jesu zu bestätigen. Ich will hier keine dogmatischen Gebäude erschüttern: aber der ursprüngliche, hebräische Text des Propheten Jesaja (700 Jahre vor Matthäus) spricht ganz eindeutig von einer *Alma* – was eine junge Frau bedeutet, nicht Jungfrau. Der Unterschied ist auf Deutsch nur ein Buchstabe – gynäkologisch aber beachtlich!

Ein Irrtum vieler Übersetzer ist es zu meinen, die buchstäbliche Übersetzung sei die beste. Obwohl sie manchmal viel Verborgenes zutage bringen mag, ist sie nur selten dem Sinn getreu. Man darf auch nicht verlangen, daß die Übersetzung stets harmonisch sei; oft besteht die Ausdruckskraft gerade in einer Dissonanz oder einem rhythmischen Bruch. Von dem vielen anderen, was Bibelübersetzer überlisten kann, sei noch das Verschönerungs-Bedürfnis so mancher lyrisch begabter Dolmetscher erwähnt. Dank der großen Beliebtheit, der sich Luthers Bibelübersetzung erfreut, sind auch einige Fehlübersetzungen und Mißdeutungen in den Volksmund eingegangen: So z. B. stammt »Den Seinen gib't Der Herr im Schlaf« aus Psalm 127,2. Im Original aber heißt es: »Er gibt Seinen Geliebten den Schlaf«. Luther konnte eben der Versuchung nicht widerstehen, die Bibel hie und da zu »verbessern«. Scheinbar schien ihm das Geschenk des gesunden Schlafes nicht als große Gottesgabe. Wer in den Wind spricht, heißt nach Jes 40,3 »ein Rufer in der Wüste« – aber der Vers ist auf Deutsch falsch geteilt – denn der Originaltext lautet: »Die Stimme eines Rufers; In der Wüste bereitet Dem Herrn einen Weg; auf dem Gefilde machet eine Bahn unserem Gott.« Der Rufer ging also keineswegs in die Wüste, sondern rief in Jerusalem zur Aufbereitung der Wüstenwege auf! Ebenso falsch wird das *Kainszeichen* im heutigen Deutsch verwendet – als stünde geschrieben, daß Gott ihn zum Mörder gestempelt habe. Im Original jedoch handelt es sich ausdrücklich um ein *Schutzzeichen*, das Gott ihm gewährte, auf daß ihn niemand in selbstgerechtem Strafvollzug erschlüge. Die Langmut Gottes wird hier also in der Übersetzung um 180 Grad verdreht.

Ähnlichen Fehlern der Übersetzung oder des Hineinlesens hat Eva ihren Apfel zu verdanken und der Moses des Michelangelo seine Hörner. Bei der ersten Frau spricht die Bibel lediglich von »der Frucht des Baumes«, was wohl Nüsse, Oliven oder Feigen hätte sein können – aber bestimmt keine Äpfel, die erst viel später aus Europa in den Orient verpflanzt wurden. Wie kam es also zum Apfel, der in tausenden von Gemälden und Skulpturen verewigt ist? Schuld daran ist die Schlange, die zwei Verse nach der Baumfrucht zu Eva sagt: »Ihr werdet sein wie Gott, wissend das Gute und das Böse.« Im Latein der Vulgata aber heißt das: »Eritis sicut Deus, scientes bonum et *Malum*« – wobei das letzte Wort *Malum* sowohl *Das Böse* als auch *der Apfel* sein kann. Diese Frucht wurde nun vier Zeilen zurückprojiziert, um in den Händen der Eva zu landen, die eine solche Frucht niemals gesehen, geschweige denn gegessen hat. Für alle Frauen sei bei dieser Gelegenheit die Frohbotschaft verkündet, daß im hebräischen Original die Frau niemals aus einer Rippe Adams geschaffen wurde, wie es in deutschen Bibelausgaben zu lesen ist. Die Geringschätzung der Rippe durch viele Generationen von Männern basiert auf der medizinischen Tatsache, daß ein Mann auch mit einer Rippe weniger ganz gut leben und alt werden kann. Der hebräische Text hingegen besagt, daß die Frau aus einer *Flanke* oder Seite des Adams geschaffen wurde – d. h. ihm ebenbürtig ist – und daß er ohne sie nicht auskommen kann. Ein ganz anderes Bild!

Bei Moses heißt es, als er vom Berge Sinai herabstieg, daß »sein Antlitz strahlte«. Da im Hebräischen das Zeitwort »strahlen« identisch mit »Hörnern« ist, die, gegen die Sonne gesehen, wie Lichtstrahlen anmuten, übersetzte bereits Hieronymus falsch: »et facies sua cornutus erat« – sein Antlitz war behornt. Michelangelo nahm ihn später beim Wort. Und so kam es zu jener weltberühmten Statue in Rom, bei der jeder Italiener schmunzelt: Die Vokabel *cornuto* hat heute nichts mit der Bibel zu tun, wohl aber sehr viel mit ehelicher Untreue.

Wie vielfältig die Möglichkeiten der Übersetzung sind, möge eine Stelle, stellvertretend für viele andere, beweisen: Es handelt sich um Sprüche Salomos 29,18. Vier deutsche Übersetzungen bringen denselben hebräischen Vers total verschieden:

1. »Wo keine Weissagung ist – wird das Volk wild und wüst.« (Luther)
2. »Wenn kein Gericht da ist, wird ein Volk zügellos.« (Elberfelder Bibel)
3. »Ohne prophetische Offenbarung verwildert das Volk.« (Einheitsübersetzung)
4. »Wenn keine prophetische Offenbarung da ist – wird das Volk zügellos.« (Menge-Übersetzung)

Besser als die deutschen Übersetzer trifft es die englische King James-Bibel: »Where there is no vision, the people perish«, d. h. wo keine Vision ist, geht das Volk zugrunde. Dies kommt dem hebräischen Grundtext am nächsten.

Deutsche Leser sind gewohnt, den Psalm 90 nach einer ungenauen Übersetzung Luthers heute noch so zu hören: »Unser Leben währet 70 Jahre. Wenn's hoch kommt, so sind's 80, und wenn es köstlich gewesen ist, so ist es Mühe und Arbeit gewesen.« Aber der Psalm sagt im Original nicht, die Mühe sei das Köstliche, sondern: »Was sein *Stolz* war, ist doch nur Mühe gewesen und Elend. Denn es fähret schnell dahin, als flögen wir davon.« Die Bibel sagt es, wie es ist: Gegen den Geist unserer und jeder anderen Epoche – nämlich daß gegen die Zeit nichts zu erzwingen ist, daß der Mensch nichts festhält, das ihm nicht bestimmt ist – daß nichts dabei zu gewinnen ist, wenn er der Zeit abtrotzen will, was sie nicht geben will und kann.

Um eine fröhlichere Note anzuschlagen: In Psalm 150 lesen wir auf Deutsch: »Lobet Den Herrn mit Posaunen, lobet Ihn mit Pauken und Reigen, lobet Ihn mit Saitenspiel und ...? Das fragliche Wort, das nun folgt, heißt bei Luther: Harfe; bei Buber: Schalmei; und in fast jeder Übersetzung steht ein anderes Instrument: Flöten, Pfeifen, Zithern kommen vor und viele andere mehr. Im Urtext aber steht: *Ugaw*, was vermutlich ein Blasinstrument war. Als nun die Bibel vor rund 2300 Jahren ins Griechische übertragen wurde, wußten die Übersetzer nichts mit diesem Ugaw anzufangen und setzten daher schlicht »Organon«, den Sammelbegriff für Musikinstrumente aller Art, um so vorsichtshalber alle Deutungsmöglichkeiten offen zu lassen. 650 Jahre später aber, als Hieronymus dieselbe Stelle ins Latein übertrug, bedeutete *Organon* bereits im engeren Sinne *Orgel* – und so kam es zum Imperativ: »Lobet den Herrn mit der Orgel!« Was später zum Anlaß wurde, den Orgelbau in ganz Deutschland mit Eifer zu betreiben. Und so mancher Kirchenvorstand hat seine Zustimmung zum Bau einer kostspieligen Orgel mit dem 150. Psalm begründet: Wer wagt schon zu widersprechen, wenn der Orgelbau angeblich in der Bibel selbst schwarz auf weiß vorgeschrieben ist?

Nun aber zu einem sehr ernsten Thema: Wer kennt nicht den christlichen Vorwurf von der angeblichen jüdischen Vergeltungsmoral, die – wie schon erwähnt –auf dem Vers *»Aug um Aug, Zahn um Zahn«* aus der Bergpredigt basiert? Wobei natürlich das Christentum als eine Religion der Liebe gilt: haushoch erhaben über die verrufene Lex Talionis der Hebräer!

Hier müssen wir zunächst betonen, daß diese christliche Liebe natürlich ebenfalls aus dem Alten Testement stammt und zwar aus dem 3. Buch Mose 19,18, wo es heißt: »Liebe Deinen Nächsten wie Dich selbst!« Von hier hat es Jesus von Nazareth entnommen, um es zur Quintessenz seiner Verkündigung zu machen. Eine interessante andere Übersetzungsmöglichkeit dieses Schlüsselsatzes fand Martin Buber, der da schrieb: »Liebe Deinen Nächsten – er ist wie Du!« Der hebräische Text ermöglicht beide Varianten. Woran Buber gedacht hat in seiner Übersetzung, ist: Auch Menschen, die sich selbst nicht lieben, also nicht im Reinen mit sich sind – können, ja sollen dem Mitmenschen Liebesdienste erweisen.

Zurück zum Auge und zum Zahn. Dieser Satz auf Deutsch ist ein Rumpfzitat, bei dem das Verbum fehlt. Was soll denn eigentlich mit »Aug' um Aug'« geschehen? Ausreißen? Amputieren – oder vielleicht vor Gericht Entschädigung leisten? Jesus von Nazareth hat auch hier aus seiner hebräischen Bibel getreu zitiert, wo es heißt (2. Mose 21,24 – wie es als Seitennotiz doch in allen Ausgaben des Neuen Testamentes zu ersehen ist): »Gib Aug' anstelle von Aug', gib Zahn anstelle von Zahn.« Das war und ist eine deutliche Aufforderung an den Schädiger, vor dem Richter Schadensersatz in Geldform zu leisten. Keine Rede also von einem Freibrief für den Geschädigten, sich selbst zu rächen – indem er Böses mit Bösem vergilt – wie es Christen seit Jahrhunderten den Juden zu Unrecht in die Schuhe schieben. Das Wörtlein »Gib« hat höchstwahrscheinlich der Endredaktor des Matthäusevangeliums in der griechischen Übersetzung mutwillig weggelassen, da schon er die Juden in ein schlechtes Licht rücken wollte. Über seine Gründe lohnt es sich nachzudenken.

Eine andere gravierende, entstellende deutsche Fehlübersetzung ist »Das Gesetz« für die fünf Bücher Mose oder das sogenannte »Alte Testament«. Es soll einen negativen Beigeschmack der Zwangsjacke vis-à-vis der Liebesreligion der Christen erhalten. Unterschlagen wird dabei, daß die Liebe, die Gnade, die Barmherzigkeit Gottes – aber auch Seine Gerechtigkeit und Seine Strafe wie ein roter Faden durch das Alte und durch das Neue

Testament sich ziehen. Das Alte Testament heißt Torah – also »die Weisung«. Es enthält viel mehr Frohbotschaft, Verheißung und Heilsgeschichte als eigentliche Satzungen und Gesetze.

»Der Prophet« ist bis auf den heutigen Tag falsch übersetzt und seine Tätigkeit mißverstanden. Die Propheten Israels haben nicht – wie in Delphi – den morgigen Tag vorausgesagt. Nein! Das taten die Orakeldeuter. Die Propheten warnten hingegen in der Regel das Volk vor tragischen Holzwegen und Irrwegen und verkündeten das Bibelethos und den richtigen Lebensweg. Sie wünschten, daß das Volk ihre Warnungen ernst nähme und auf den richtigen Pfad zurückkehre. Eiserner Bestand dieser Künder war und bleibt bis heute ihre grandiose Endzeitvision der Erlösung für Israel und die Völker; ja sogar für die geschundene Umwelt. Also sind sie keine Propheten im griechischen Sinne, sondern Mahner, Künder und Rufer – im Namen Gottes.

Der Begriff »Die zehn Gebote« ist noch enttäuschender. Er ist nicht nur falsch übersetzt, sondern wird von Christen seit langem zur Verfemung des Judentums als starrer Gesetzesreligion mißbraucht. Auf Hebräisch handelt es sich um das »Zehnwort Gottes«, den Dekalog, gegeben den befreiten Sklaven am Sinai. Der tiefe Sinn dahinter ist, daß nur ein psychisch und körperlich freier Mensch imstande ist, sich in einen Rahmen der Moralität und Mitmenschlichkeit einzugliedern.

An Übersetzungsfehlern im Neuen Testament fehlt es keineswegs. Was hat Jesus wohl gemeint, wenn er sagte: »Wenn Dein Auge böse ist, so wird Dein ganzer Leib finster sein.«? (Mt 6) oder an anderer Stelle: »Reiß Dein Auge aus und wirf es von Dir!« (Mt 5,29) Dies ist kein Fall für den Augenarzt, sondern ein wohlbekannter Hebraismus. Er besagt: Böses Auge ist gleich Mißgunst oder Neid. Nun wird uns Jesu Mahnung klar: Wenn der Neid oder die Mißgunst Dein Auge trüben – entwurzele dieselben sofort, auf daß Dein ganzer Körper sich erhole! Was meinte Jesus wohl, wenn er – auf Deutsch übersetzt – sagt: »Wer seinen Vater, seine Mutter, seine Frau und seine Kinder nicht haßt ..., der kann nicht mein Jünger sein!« (Lk 14,26)? Können wir Jesus von Nazareth als Aufforderer zum Eltern- und Kinderhaß verstehen? Auf Deutsch in der Tat ja! Nicht aber auf Hebräisch, seiner Muttersprache! Dort ist der Fall klar: Er meinte – wie so viele seiner jüdischen Zeitgenossen: Wer seine Familie nicht weniger liebt als mich und mein Anliegen, der kann die schwere Last der Jüngerschaft und der Nachfolge nicht auf sich nehmen. Er meinte damit die Verfolgung vonseiten der Römischen Okkupationsmacht und die dauernde Flucht vor ihren Söldnern.

Noch ärger klingt das Wort aus seiner Abschiedsrede auf Deutsch: »Wer sein Leben in dieser Welt haßt – der wird es zum ewigen Leben bewahren.« (Joh 12,25). Empfahl Jesus hier gar den Selbstmord? Derselbe Jesus, der die Nächstenliebe und die Liebesdienste so groß schrieb? Mitnichten! Auf Hebräisch besagt er: Wer sein eigenes Ego weniger liebt, um sich seinen Mitmenschen zu widmen – der hat Aussicht auf das ewige Leben.

Das Fazit: Jesus und seine Worte, ja der Großteil der Evangelien, ist ohne Kenntnis der Hebräischen Bibel und der Rabbinischen Überlieferung oft unklar, verballhornt oder mißverständlich. Erst auf ihrem jüdischen Hintergrund leuchten sie in ihrer vollen Ausstrahlungskraft auf. Das sollte eine Bereicherung darstellen, keineswegs eine Zensur von Heiligen Schriften oder eine Anstiftung zum Synkretismus.

So tief also sind die Wurzeln, die die Bibel in der deutschen Sprache geschlagen hat, daß die oberflächliche Vertrautheit oft dem tieferen Schriftverständnis zum Verhängnis wird. Was geläufig ist, wird oft als bekannt angenommen. Die von Kind auf gewohnt sind, die Bibel zu lesen, verfallen nur allzu leicht der Macht der Trägheit, die den Sinn verwischt, den Text verwäscht und die Prägnanz der Frequenz zum Opfer fallen läßt. Um diese falsche Vertrautheit mit der Bibel aufzurauhen und den Grünspan von den Haushaltsklischees abzureiben, entschloß sich Martin Buber, und nach einigem Zögern auch Franz Rosenzweig, die Hebräische Bibel neu zu verdeutschen. Nach jahrelanger Vorarbeit, die bis an die äußersten Grenzen des Sagbaren vorstieß, kamen sie zu der erstaunlichen Schlußfolgerung, daß die bedeutendsten Übersetzungen: nämlich die griechische der Septuaginta, die lateinische des Hieronymus und die deutsche Martin Luthers nicht ihren Ansprüchen gerecht geworden sind. Der Antrieb für eine wahre Übersetzung müßte aus der hebräischen Lautgestalt erwachsen und darauf ausgehen, den ursprünglichen Charakter der Schrift in Wortwahl, Sinngebung, Satzbau und rhythmische Gliederung zu erhalten.

In Anbetracht der Kluft, die Deutsch und Hebräisch voneinander sprachlich trennt, waren sich die beiden Übersetzer der »grundsätzlichen Unerfüllbarkeit« ihrer Aufgabe voll bewußt, aber diese Einsicht war kein Hemmschuh für ihre Bemühungen, das Bestmögliche zu erringen. Ein Ringen zwischen den beiden wurde es in der Tat, denn in der Wiedergabe sprachlicher Eigentümlichkeiten entbrannte bald der akademische Kampf zwischen einer Enthebraisierung, dem Deutschen zuliebe, und einer Überhebraisierung aus Treue zum Urtext. Nachdem der erste Entwurf druckreif war, rief Rosenzweig aus: »Er ist ja erstaunlich Deutsch! Luther ist dagegen fast Jiddisch!«

Hebräischer als alle anderen Bibeleindeutschungen ist der Text sicher. Ob er nun zu deutsch geraten ist? Der Leser möge selbst anhand der folgenden Beispiele urteilen; wobei zuerst der Bibelanfang nach Buber mit der Einheitsübersetzung der katholischen Bischöfe aus dem Jahre 1980 Zeile für Zeile verglichen wird:

Buber: Am Anfang schuf Gott den Himmel und die Erde ...

Die Einheit: Am Anfang hat Gott Himmel und Erde geschaffen ...

Buber: Die Erde aber war Irrsal und Wirrsal ...

Die Einheit: Die Erde war wüst und wirr ...

Buber: Finsternis über Urwirbels Antlitz ...

Die Einheit: Finsternis lag über der Urflut ...

Buber: Braus Gottes schwingend über dem Antlitz der Wasser ...

Die Einheit: Und Gottes Geist schwebte über dem Wasser ...

Schon im 2. Vers der Genesis fällt hier die Neuschöpfung »Irrsal und Wirrsal« auf, die dem hebräischen Tohu-wa-bohu nicht nur inhaltlich entspricht, sondern ein Klangpaar von Begriffen schafft, das auch das ungestüme Getöse der Urwelt akustisch nachahmt. Noch fremdartiger mutet der dritte Vers an, der auf Hebräisch kurz, fast *staccato*, klingt: »Wechoschäch al pnei tehom«. Luther übersetzt diese vier Worte mit: »Es war finster auf der Tiefe.« Die Zürcher Bibel verfeinert dies zu: »Und Finsternis lag über der Urflut.« Buber sagt: »Finsternis über Urwirbels Antlitz«, wobei »Urwirbel« dem brausenden Lärm und der Urzeitlichkeit gerecht werden will, das dem hebräischen Wort »tehom« innewohnt.

Interessant ist es, den Gedankengang zu verfolgen, der Buber dazu brachte, den herkömmlichen »Geist Gottes, der auf dem Wasser schwebt« mit »Braus Gottes schwingend über dem Antlitz der Wasser« zu ersetzen. Da das hebräische Wort »ruach«, wie das lateinische Wort »spiritus«, zwei Bedeutungen hat: Wind und Geist, entschieden sich die einen für einen gewaltigen Wind oder »Gotteswind«, andere für den Geist, oder Geist Gottes. Buber wußte, daß den beiden Bedeutungen ein gemeinsamer Ursinn zugrunde liegt, der dem Hauchen, Wehen oder Brausen entspricht. Als ein solches erscheint dem biblischen Menschen sowohl der Wind als auch der Geist der Gottheit. Im ersten Schöpfungsakt kann daher beides in einem gemeint sein – ein Wehen und Brausen, aus dem die Welt geboren wird, also: eine Art von »Urbraus«.

Ein anderes Beispiel für den Expressionismus der Buberschen Sprache liefert das 16. Kapitel der Genesis: Wenn Luther die kinderlose Sarah zu ihrem Manne sprechen läßt: »Gehe doch zu meiner Magd, ob ich doch vielleicht aus ihr mich bauen möge«, so mißversteht er das hebräische Zeitwort »Jibbané«, das zwar im allgemeinen »sich erbauen« bedeutet, jedoch hier und an noch einer anderen Stelle vom Worte »ben«, der Sohn, hergeleitet wird und natürliche Kindergeburt beschreibt. Hier jedoch ist die Rede von jenem primitiven Rechtsakt, der als Adoption durch Scheingeburt bekannt ist und der in der zweiten Bibelstelle, da Rachel zu Jakob wie Sarah zu Abraham spricht, in folgenden Worten zum Ausdruck kommt: »Auf daß sie auf meinen Knien gebäre.« Die Unfruchtbare nimmt also die Gebärende auf ihren Schoß, womit sich die Identifikation vollzieht: Ihr Schoß ist es nun, aus dem das Kind zur Welt kommt. Sie ist, wie es in alten deutschen Urkunden heißt: bekindet worden. Das meinte sowohl Sarah wie auch die kinderlose Rachel, als sie Jakob ihre Magd zum Weibe gibt: »Geh zu ihr ein, daß sie auf meinen Knien gebäre und ich aus ihr bekindet werde.« (Genesis 30,3)

Hilflos stehen manche Übersetzer vor den sogenannten Namensäthiologien des Buches Genesis, d. h. vor den Stellen, wo die Bibel den Namen einer Person, einer Stadt oder eines Heiligtums durch eine Begebenheit aus der Vorzeit erklärt. Meistens wird dann die Begründung für die Namensgebung durch ein ausdrückliches »weil« oder »denn« bestärkt, was den deutschen Bibelleser, der den sprachlichen Hintergrund nicht kennt, verblüffen oder verwirren muß. So heißt es von den Jakobsöhnen in Genesis 29 im Munde Leas: »Jetzt endlich wird mein Mann an mir hängen ... darum nannte sie ihn Levi« – was Anhang bedeutet. Oder: »Diesmal will ich dem Herrn danken ... darum nannte sie ihren Sohn Juda«, – was »es sei gedankt« bedeutet. Wie bei allen Jakobssöhnen heißt es dann auch vor der Geburt Jesu, daß der Engel Joseph im Traum beauftragt habe: »Du sollst ihm den Namen Jesus geben, denn er wird sein Volk erlösen« (Mt 1,21), wobei das Wörtlein »denn« nur dann Sinn hat, wenn man sich erinnert, daß der Hebräisch-sprechende Engel ihn »Jeschua« (nicht Jesus) nannte – was so viel wie »er wird erlösen« bedeutet.

Wie schwierig es ist, auch sprachlich klargegliederte und problemlose Texte in gutes Deutsch zu übersetzen, beweist das harte Ringen um die Verdeutschung der Zehn Gebote. Nach einer tagelangen Diskussion in der Vollversammlung aller Mitarbeiter der ökumenischen Übersetzungskommission beider Bischofskonferenzen vor etlichen Jahren konnte in allen Punkten schließlich Übereinstimmung erzielt werden – mit Ausnahme des Sechsten Gebotes (nach katholischer Zählung das Fünfte). »Du sollst nicht töten!« So stand es – wie gesagt – in fast allen Bibelübersetzungen seit Luther, worauf sich viele Wehrdienstverweigerer und Gegner der Todesstrafe seit Generationen berufen haben. Nun steht aber in der Hebräischen Bibel das Zeitwort: »razach«, das nicht jede beliebige Art zu töten meint, sondern ausschließlich ein Töten, das außerhalb des Gesetzes geschieht. Es kann je nach Zusammenhang »ermorden«, oder »in Leidenschaft umbringen« bedeuten. Nie aber wird das Verbum gebraucht für das Töten im Krieg; oder für die gesetzliche Hinrichtung von Verbrechern. Es bietet daher keine Handhabe für die Abschaffung der Todesstrafe und die Verweigerung des Wehrdienstes. Um dies zu verdeutschen, schlugen die Übersetzer zunächst vor, das Verbot mit den Worten »du sollst nicht totschlagen« wiederzugeben. Dagegen wandten die Juristen ein, daß Totschlag nach deutschem Recht Mord ausschließt, was dem Sinn des Zehngebotes widersprechen würde. So entschloß man sich, mit Buber, den Terminus zu wählen, der ein Töten am stärksten disqualifiziert: »Du sollst nicht morden!«

Diese wenigen Beispiele vergegenwärtigen, wie schwierig die Arbeit an einer ökumenischen Bibelübersetzung ist, wieviel Mühe hinter der Verdeutschung steckt und wie unbefriedigend auch die beste Übersetzung bleiben muß. Denn jede Übersetzung – auch die beste – übt Ersetzung, in Wort, im Klang oder in der Bedeutsamkeit, und ist im vorhinein dazu verdammt, Ersatz zu sein. Läßt sich die Bibel übersetzen? So lautete eingangs unsere Frage. Gewiß, doch nie darf eine Übersetzung als die endgültige und für immer gesicherte angesehen werden. Jede Zeit wird ihre eigene zu schaffen haben, denn vollzogene Offenbarung ist stets Menschenleib und Menschenstimme, und das heißt immer: dieser Leib und diese Stimme im Geheimnis ihrer Einmaligkeit. Wer den Urlaut sucht, in seiner ganzen Fülle, frei von jeder Hülle, der muß zur hebräischen Quelle zurückgehen.

Man kann die Bibel ernst nehmen – oder wörtlich; beides zusammen verträgt sich nur sehr schlecht.

Das Gesetz – Last oder Lust?

Diese Gedanken müßten meiner Meinung nach eigentlich am *23. Mai* vorgetragen werden: dem Tag des Grundgesetzes. Wenn ich die einmütige Hochachtung aller Parteien vor diesem Eckstein der Demokratie beobachte, bin ich eigentlich schon beim Kern unseres Themas – nämlich dem Rätsel, warum so viele christliche Theologen in der Vergangenheit und zum Teil auch in der Gegenwart »das Gesetz«, und zwar das sogenannte »Alte Testament«, als lästig, als schwer, formalistisch, ja sogar überflüssig fanden und noch immer finden. Stellvertretend für viele sei hier Romano Guardini zitiert: »So ist aus dem Bunde, der in Glaube und Gnade wurzelte ... ein verbriefter Vertrag mit Recht und Anspruch geworden ... Im Grunde handelt es sich beim Gesetz um Heuchelei: *außen* hochentwickelte Gewissenhaftigkeit, *innen* Härte des Herzens, *außen* Gesetzestreue, *innen* Sünde« (»Der Herr«, Würzburg 1964, S. 194). Ähnlich schreibt Heinrich Schlier: »Das Gesetz ist für die Juden eine Schlinge geworden, in der sie sich verfangen haben« (»Die Zeit der Kirche«, 1962, S. 46). Hanna Wolff geht noch weiter. Indem sie behauptet, daß das Gottesbild Jesu »mit dem Alten Testament absolut unvereinbar sei«, da es »zu einem krankmachenden Gottesbild führe«, plädiert sie für die baldige »Rückgabe des Alten Testaments an die Juden, deren Eigentum es ja ist« (»Neuer Wein – Alte Schläuche«, 1981, S. 189).

Ähnliche Äußerungen von vielen namhaften Theologen und anderen Zeitgenossen gibt es zur Genüge. Fragt man Christen aller Schattierungen, welche theologische Assoziation sie auf Anhieb mit dem Judentum verbinden, so erhält man häufig eine eindrucksvolle Reihe von Antworten wie etwa: Gesetzeszwang, Legalismus, Lohnsucht, Werkgerechtigkeit, Gesetzlichkeit und anderes mehr. Auf die Rückfrage, wo sie denn diese Blütenlese von Klischees ergattert hätten, weisen die meisten auf ihre Lehrbücher hin, wie wir oben schon etliche zitiert haben. Es muß an dieser Stelle grundsätzlich angemerkt werden, daß die meisten dieser Theologen den Talmud weder im Original noch in einer

Übersetzung gründlich studiert haben und häufig nach Vorurteilen und Hörensagen urteilen.

So abschätzig wird heute bei vielen Christen noch immer der Umgang der Juden mit ihrem sogenannten »Gesetz« geschildert, gelehrt und gepredigt – ungeachtet jahrhundertealter Beteuerungen, daß dieses »Gesetz« für gläubige Juden keine Last, sondern eine Freude ist; ungeachtet dessen, daß die ganze Geschichte des Judentums eine einzige Bewahrung durch eben diese Tora ist; ungeachtet auch dessen, daß nach normativem jüdischen Selbstverständnis das Leben mit der Tora *nicht* die Gnade Gottes zu erwerben sucht, sondern aus Dankbarkeit für Gottes Zuwendung geschieht. Kann doch seine Gnade weder verdient noch erworben werden, wohl aber erbeten und erhofft.

Ich kann mich nicht des Eindrucks erwehren, daß kirchliche Polemik gegen die angeblich erbarmungslose »jüdische Gesetzlichkeit« nur allzu oft dazu dient, Gesetzlichkeiten im eigenen Hause zu verdecken. Denn an Gesetzen fehlt es ja in den Kirchen keineswegs, kann und darf es auch nicht fehlen, da keine menschliche Institution ohne Satzungen und Bestimmungen auszukommen vermag. Daß ganz in diesem Sinne – jedoch im Gegensatz zum Volksglauben – die Kirchenleitungen auf ihre Gesetze angewiesen sind, lernen wir u. a. aus dem Fall des Präsidenten der Bayerischen Landessynode, Karl Burkhardt, der nach vierundzwanzigjähriger Amtszeit 1983 aus seinem Amt ausschied und dabei äußerte: »Gegängelt, eingeengt und von freien Mitentscheidungen abgedrängt fühlen sich viele evangelische Kirchenparlamentarier in Bayern durch die wachsende Anzahl kirchlicher Gesetze und Verordnungen« (»Weg und Wahrheit«, 20. 11. 83). Aus vergleichbaren Gründen, wegen der Last der eigenen Kirchengesetze, trat unlängst Karl Theodor Schäfer, ein Oberkirchenrat aus der Badischen Landeskirche, in den Ruhestand. Eine ähnliche Fülle von Gesetzlichkeiten im katholischen Bereich wie z. B. im Zusammenhang mit *Humanae Vitae*, Empfängnisverhütungsmethoden und der Streit um Bischofsernennungen wurde ja vor nicht allzu langer Zeit in der Presse breitgewalzt.

Doch was bedeutet eigentlich »Das Gesetz« in der Originalfassung der Hebräischen Bibel? Seit der Sinai-Offenbarung heißt es die *Tora*, zu deutsch *Die Weisung* oder *Die Lehre*. Sie enthält in den fünf Büchern Moses rein quantitativ *viel mehr* an Verheißungen, narrativer Theologie, Heilsgeschichte und Ethos als eigentliche Gesetze, die angeblich zum »unfruchtbaren Legalismus« oder zum »trockenen Formalismus« führen müssen. In seiner griechischen Übersetzung wurde der Begriff der Tora zweckentfremdend auf »Nomos« eingeengt und hierauf im Zuge der Christianisierung des Abendlandes als »Das Gesetz« in alle Sprachen Europas übersetzt. Das ist jedoch grundfalsch, sowohl sprachlich als auch inhaltlich. Im Grunde genommen ist die Tora vor allem und hauptsächlich »Evangelium« – allerdings im ursprünglichen Sinne dieses Wortes: die Frohbotschaft von der Liebe Gottes und der Freiheit aller Adamskinder.

Freiheit jedoch *ohne* Satzungen führt zur Anarchie und zur Selbstversklavung an alles Triebhafte und Tierische, das in jedem Menschenherzen giert und gärt.

In diesem Zusammenhang möchte ich auch das alte Klischee von den *613* Ge- und Verboten, die den gläubigen Juden angeblich in eine Zwangsjacke von Legalismen zwängen, unter die Lupe nehmen. Beim genauen Lesen der Bibel ist festzustellen, daß es sich hier um eine Großzahl von Bestimmungen handelt, die an die Landwirtschaft des Landes Israel gebunden sind, wie z. B. der Zehnte verschiedener Arten, das Sabbatjahr, das Jobeljahr, Anordnungen für den Umgang mit Arbeitstieren etc. – also Bestimmungen, die ganz pragmatisch *nur* im Lande Israel Geltung hatten oder haben.

Ein Teil von diesen sowie eine weitere Anzahl von Satzungen, die den Tempeldienst betreffen sowie den Opferdienst, sind seit der Tempelzerstörung im Jahr 70 hinfällig geworden. Es dürfte inzwischen allgemein bekannt sein, daß es den Juden nach talmudischer Weisung untersagt ist, den Dritten Tempel von Menschenhand aufzubauen, *bevor* der Messias kommt. (Dieses Verbot kann man insbesondere in unseren Tagen schätzen, wenn man bedenkt, wieviel Blutvergießen und Krieg es schon verhindert hat.) Eine weitere Anzahl der *Tarjag* (= 613) ist längst umgedeutet worden, ganz im Sinne der Tora, auf daß künftige Generationen mit ihnen leben können. So z. B. ist die in der Tora gestattete Polygamie längst verboten worden, ebenso auch die Sklavenhaltung, die bei Juden Jahrhunderte vor jeder christlichen Sklavenbefreiung verboten worden ist. An weiteren Beispielen dieser Art fehlt es nicht.

Daß die *Halacha*, d. h. die Tora-Auslegung seit Moses – der selbst der erste Tora-Ausleger war –, immer dynamisch und flexibel war, läßt sich leicht erweisen. Durch die Verfolgungen der jüdischen Gemeinden in ganz Europa seit tausend Jahren waren die Rabbinen natürlich um eine Überlebensstrategie ihrer Gemeinden bemüht, und die Freiheit der Interpretation mußte so dem Lebenskampf weichen. Es besteht aber die Hoffnung, daß die ursprüngliche exegetische Dynamik, mit Erreichung des Friedens in Israel – wenn auch nach hartem inneren Ringen – wiedergewonnen wird. Ganz unabhängig davon gab es immer Rabbinen, die ihre Lehre auf eine Quintessenz von einem, zwei oder drei sog. »vornehmsten Geboten« komprimierten, ohne dabei auf irgendeines der anderen Gebote zu verzichten. Drei Beispiele mögen dies erhellen: Die Aussage von Rabbi Simon Ben Gamaliel: »Um dreier Dinge willen besteht die Welt: die Wahrheit, die Gerechtigkeit und der Frieden.«

Simon der Gerechte hingegen subsumierte seine Lehre auf drei Pfeilern: Tora, Gottesdienst und praktizierte Nächstenliebe. Rabbi Akiba hatte nur einen Schlüsselsatz: »Liebe Deinen Nächsten wie Dich selbst!« Das hinderte ihn keineswegs daran, alle Ge- und Verbote aufs genaueste zu befolgen, und als die Römer ihm dies untersagten, war er bereit, den Märtyrertod auf sich zu nehmen, um kein Jota der Tora zu verletzen. Die Liste solcher Komprimierungen erweist eine schillernde Vielfalt von Tora-Auffassungen.

Dies führt zu Rabbi Jesus von Nazareth, der ebenfalls seine Quintessenz der Tora formulierte: »Du sollst den Herrn, deinen Gott lieben von ganzem Herzen ... und: Du sollst deinen Nächsten lieben wie dich selbst« (Mk 12,29ff.). Also: zwei wörtliche Zitate aus der Tora, die er zur großen Doppelliebe zusammenschweißte. Daß er dabei – genau wie seine rabbinischen Lehrkollegen – *nichts* in der Tora abschaffen, vernachlässigen oder relativieren wollte, ergeht aus seiner Grundsatzaussage zu Anfang der Bergpredigt: »Wahrlich, ich sage Euch: Bis Himmel und Erde vergehen, wird nicht ein Jota oder ein Tüpfelchen von der Tora vergehen« (Mt 5,18). Bestätigung für diese *radikale* Bejahung der Tora in ihrer Ganzheit finden wir u. a. auch in Mt 23,23, wo wir erfahren, daß Jesus nicht einmal bereit war, auf die Verzehntung von Schrebergarten-Gewürzen wie Dill, Minze und Kümmel zu verzichten, was in der Tat eine Geringfügigkeit gewesen wäre.

Die Tora können allerdings nur Freie oder Befreite auf sich nehmen; Sklaven, die irdischen Herren unterworfen sind, sind dazu meist nicht in der Lage. Daher wird die Geschichte Israels von einem Dreier-Rhythmus geprägt:
- Auszug aus der Knechtschaft
- Die freiwillige Akzeptanz der Tora am Sinai
- Der Einzug in die Freiheit.

Das ist die dreistufige »Befreiungstheologie« der Bibel. Dieser Dreiertakt hat viele Völker in ihrem Befreiungskampf inspiriert bis zur heutigen *Theologie der Befreiung* in der dritten Welt. Hierbei stoßen wir auf einen weiteren, im christlich-jüdischen Verhältnis oft so mißverstandenen Begriff: *die Erwählung*. Christen haben sie seit eh und je als elitären Selbstruhm gedeutet, der die Juden sozusagen zu den Günstlingen Gottes erheben will, ja, zu seinen angeblichen Vorzugsschülern macht. Im jüdischen Selbstverständnis aber geht es dabei *nicht* um eine Gabe, sondern um eine Aufgabe; *nicht* um einen Vertrag, sondern um einen Auftrag; und *nicht* um Würde, sondern um eine Bürde. Da auch diese Fehldeutung bis auf den heutigen Tag viel Mißgunst und Vorurteil in breiten christlichen Volksschichten hervorruft, sollte es unser aller Anliegen sein, auch hier aufzuklären und richtigzustellen.

Eine andere Fehldeutung ist die angebliche Priorität des Evangeliums vor aller Gesetzlichkeit, die zu jenem fast mythologischen Dualismus von »Gesetz und Evangelium« als zwei verschiedenen Varianten des Wortes Gottes geführt hat. Ein neues, vertieftes Verständnis der Tora konnte Karl Barth anno 1935 dazu führen, in seiner Schrift »Evangelium und Gesetz« die traditionelle christliche Aufeinanderfolge umzuordnen. »Das Gesetz ist der offenbare Wille Gottes«, so schreibt er und fährt dann fort: »Was bedeutet denn … das erste Gebot, wenn nicht das Evangelium von der Liebe Gottes?« So lesen wir auch bei Dietrich Bonhoeffer: »Nur wenn man das Gesetz Gottes über sich gelten läßt, darf man wohl auch einmal von Gnade sprechen.« Dies entspricht der jüdischen Auffassung, dergemäß Liebe und Gesetz keinen Gegensatz darstellen, sondern ganz im Gegenteil eine theologische Harmonie sind. Schließlich sind wir seit Gottes Wort an Abraham: »*Wandle* vor mir und sei *ganz*!« (Gen 17,1) *die Freigelassenen* der Schöpfung, die das Gesetz entweder erfüllen oder ablehnen können – in beiden Fällen aber bereit sein müssen, die Folgen zu tragen. Luthers Übersetzung »fromm« anstatt »ganz« führt hier sehr in die Irre. Ein ebenso folgenreicher Übersetzungsfehler ist die Begrifflichkeit »Die Zehn Gebote«. Auf hebräisch sind es die *Asseret Hadibrot*, also *Das Zehnwort Gottes*, wie es im Begriff *Dekalog* zu Wort kommt und die Grundlage der Bergpredigt bildet.

Beide Testamente der Bibel kennen mit orientalischem Temperament Scheltreden, Verfluchungen, erzieherische Strafandrohungen, Gebete um Vergeltung und Feindschaft für das Böse; andererseits aber betonen *beide* Testamente *die Liebe Gottes*, die Hoffnung auf seine Gnade, die Möglichkeit der Buße und Umkehr und die Zuversicht auf Vergebung der Sünden. *Beide* schließen mit der Erwartung des messianischen Heils. Es ist daher an der Zeit, in der christlichen Verkündigung und in der Alltagssprache von einer völlig unangemessenen künstlichen Dichotomie Abschied zu nehmen, die das AT und das NT fein säuberlich auseinanderdividiert – als separate Bereiche eines alten »Rachegottes« und des christlichen »Liebesgottes«. Entsprechende Zitate zur Gnade, Liebe und Barmherzigkeit im Alten Testament sowie zur Strafe und zum strengen Gericht im Neuen Testament sollten allen Bibellesern bekannt sein. Genügt es, auf so manche schöne Kathedrale hinzuweisen, auf deren Portalen ein furchterregender, steinerner Jesus thront, der »kommen wird, zu richten die Lebenden und die Toten«?

Doch ich will auf das zentrale Thema dieses Kapitels zurückkommen. Hierbei drängt sich die Frage auf: Zwischen wem eigentlich gibt es einen Konflikt? Handelt es sich etwa um den des Mose mit seinem aufmüpfigen Volk in der Wüste? Oder denjenigen des Nordreiches Israel mit dem Südreich Jehuda, mit ihren verschiedenen Kultstätten wie Beth-El, Schilo, Tirza und andere versus Jerusalem? Oder etwa den Konflikt des Esra mit den Samaritanern in Schichem, die nur die sechs ersten Bücher der Bibel anerkennen? Oder vielleicht den Konflikt zwischen Pharisäern, Sadduzäern, Essenern, Zeloten und anderen um die Zeitenwende? Oder soll es um die Streitgespräche der Schulhäupter wie z. B. Hillel und Schammai kurz vor Jesu Lebzeiten oder Schmaja und Awtalion oder Akiba und Jischmael gehen? Doch das alles wäre nur die Spitze des Eisberges. Die Palette reicht bis in unsere Tage hinein: vom Karäerzwist über den Konflikt zwischen Chassidim und Mitnagdim und den chassidischen Schulen untereinander. Ja sogar der Maimonides war zu seinen Lebzeiten sehr umstritten, was mir armem Epigonen manchmal zum Trost gereicht. Ebenso bekannt dürfte der heutige scharfe Konflikt zwischen den Strömungen der Reformbewegung, der Reconstructionists, den Conservatives und der schillernden Vielfalt der Orthodoxie im gegenwärtigen Judentum sein. Und all diese internen Kontroversen um das Gesetz und seine Auslegung fanden meistens trotz Anfeindungen von außen statt. Und sie erinnern anschaulich daran, daß das sogenannte Gesetz *nie* aufgehört hat, sich lebendig weiterzuentfalten, und schon deshalb ein gewaltiger Zündstoff ist und bleibt.

Hiermit komme ich wie von selbst zum angeblichen Konflikt zwischen Jesus und den Pharisäern – um nicht gar mit Johannes zu sprechen: »mit den *Juden*«, was bei so manchen Christen zur Klischeevorstellung führt: einer gegen alle, also: Jesus gegen *alle* Juden. *Wer aber waren die Pharisäer*, und was war ihre Lehrmethode? Ich will es wie Rabbi Jesus tun und mit einer Parabel antworten:

Einst debattierten die pharisäischen Rabbinen leidenschaftlich um ein Problem in der Tora. Rabbi Elieser brachte viele Argumente vor, um seinen Standpunkt zu beweisen. Doch die anderen Rabbinen ließen sich nicht überzeugen. Da sprach Rabbi Elieser:

»Selbst dieser Johannisbrotbaum hier vor dem Fenster kann bezeugen, daß die Entscheidung so ausfallen muß, wie ich es behaupte.« Da rückte der Johannisbrotbaum 100 Ellen von seinem Orte fort. Doch die anderen Rabbinen sagten: »Von einem Johannisbrotbaum läßt sich kein Beweis erbringen!« Nun sprach Rabbi Elieser: »Wenn die Entscheidung so sein muß, wie ich behaupte, dann soll es der Wasserkanal hier bezeugen!« Da fing das Wasser im Kanal an, bergauf zu fließen. Doch die anderen Rabbinen erwiderten: »Ein Wasserkanal kann nicht als Beweis dienen!« Wiederum sprach Rabbi Elieser: »Es sollen die Wände des Lehrhauses beweisen, daß ich recht habe!« Da fingen die Wände an einzustürzen. Aber Rabbi Jehoschua schrie sie an und sagte: »Was geht es euch Wände an, wenn die Weisen über einen Punkt in der Tora debattieren?« Die Wände sind hierauf nicht gestürzt, aus Respekt vor Rabbi Jehoschua; aber aus Respekt vor Rabbi Elieser haben sie sich auch nicht völlig aufgerichtet. Rabbi Elieser, der Verzweiflung nahe, schrie jetzt auf: »Wenn die Halacha so sein soll, wie ich es behaupte, so mögen sie es aus dem Himmel bezeugen!« Da erscholl eine Himmelsstimme, die da sprach: »Was wollt Ihr denn von Rabbi Elieser? Die Entscheidung ist doch so, wie er behauptet!« Da sprang Rabbi Jehoschua auf und rief: »Sie ist nicht im Himmel!« Was aber bedeutet dieses Zitat aus Dt 30,12? Rabbi Jeremia erklärt: »Die Tora wurde ja schon auf dem Sinai uns verliehen. Wir brauchen uns daher nicht weiter um himmlische Stimmen zu kümmern. Schließlich enthält ja die Tora das Prinzip, nach der Mehrheit zu entscheiden (Ex 23,2), und das ist es, was wir hier tun.«

An jenem Tage, so lesen wir weiter, traf Rabbi Nathan den Propheten Elia und befragte ihn: »Was tat unser himmlischer Vater zu jener Stunde?« Da antwortete der Prophet: »Gott hat gelächelt und gesagt: Meine Kinder haben mich besiegt. ...« (BM 59b).

Gottes Lächeln, so will uns diese Erzählung aus dem Talmud belehren, enthält eine zwiefache Lektion: Sie ist sowohl ein heilsamer Dämpfer gegen jegliche Wundersucht als auch eine Bestätigung für die Auslegungskompetenz der Rabbinen in der Mischna und im Talmud.

Die sogenannte *mündliche Lehre*, von der hier die Rede ist, wird im orthodoxen Judentum der schriftlichen Tora gleichgestellt. Um das Jahr 200 der christl. Zeitrechnung wurde die Mischna, vermutlich wegen der Vertreibung der Juden in alle Welt, niedergeschrieben, nachdem sie jahrhundertelang mündlich überliefert worden war, und wurde hiermit quasi zu einem »portablen Vaterland«. Auch weiterhin blieb sie Gegenstand heftiger Diskussionen, aus denen sich letztlich die endgültige Version des Talmuds herauskristallisierte, der um das Jahr 500 kodifiziert wurde. Bemerkenswert dabei ist, daß auch die Minderheitsvoten bis auf den heutigen Tag tradiert und studiert werden. Ausgangspunkte dieser Lehrgespräche – nicht Streitgespräche! – liefert die Tora selbst: Erstens: »Mose fing an, die Tora auszulegen« (Dt 1,5). Zweitens: Wir lesen in Dt 17,8ff. folgende Weisung: »Wenn dir ein Problem zu schwer wird, so geh zu dem Richter, der zu jener Zeit sein wird, und befrage ihn. Er wird dir die Auslegung sagen, und du sollst tun nach dem, was er dir sagen wird.« Dieser Auftrag zur stetigen Interpretation »um des Lebens willen« in sich stetig verändernden Umständen hat die Tora bis heute vor theologischer »Arterienverkalkung« bewahrt. Mit dem Wort »Richter« ist hier natürlich der Rabbiner gemeint, der keineswegs ein Priester im christlichen Sinn des Wortes ist.

Zurück zu den Pharisäern! Sie waren Toragelehrte, die zur Volkspartei der armen Leute gehörten. Ihre Auslegungen im Rahmen der mündlichen Tradition waren bemüht, ein toragetreues Leben in einer sich stets verändernden Gesellschaft der Verstädterung zu ermöglichen. Insbesondere war das Volk auf ihre geistige Führung angewiesen, da es unter dem brutalen Besatzungsjoch der Römer zu leiden hatte. Die Lehrgespräche dieser Pharisäer – im Neuen Testament als »Streitgespräche« verrufen – fanden innerhalb von sieben Schulen statt, die sich in ihrer Methodik unterschieden und gelegentlich scharfe Debatten miteinander führten. Rabbi Jesus hatte natürlich – wie so manche Leuchte der Pharisäer – sein eigenes Sondergut, womit er jedoch keineswegs die Grenzen des Judentums je überschritten hat. Andererseits verwalteten die etlichen Dutzend *Sadduzäerfamilien* in Jerusalem den Tempelkult als eine Art von Kuria, sie kollaborierten häufig mit den Römern und weigerten sich, die pharisäische Halacha zu akzeptieren. Über die *Essener* sind wir dank der Funde in Qumran und anderer jüdischer Quellen recht gut informiert. Wir finden zwar versteckte essenische Einflüsse im Neuen Testament, müssen aber betonen, daß sich ihre Lehren im normativen Judentum nicht niedergeschlagen haben. *Die Zeloten*, deren Spuren ebenfalls im Neuen Testament nachhallen, widmeten ihre Lehre und ihr Leben dem Widerstand gegen die Römer mit dem Ziel der Befreiung Israels.

Jesus gehörte nach meinem Verständnis seiner Lehre zu den sogenannten *Liebespharisäern*, die im Talmud als die besten der sieben Schulen gepriesen werden. »Liebespharisäer« waren im wesentlichen von der Liebe zu Gott und zum Mitmenschen motiviert, was sich in all ihren Taten widerspiegelte. In ihrem Sinne waren und sind bis heute Heilungen und Behandlungen von Kranken in akuten oder schmerzlichen Fällen am Sabbat nicht nur erlaubt, sondern vielmehr geboten.

In den Lehrgesprächen Jesu mit seinen pharisäischen Kollegen geht es häufig um sekundäre Fragen wie etwa das Händewaschen oder das Fasten (Mt 9,14ff.) (das damals teilweise erst neu eingeführt wurde) sowie um das *Ährenreiben* – nicht das *Ährenraufen*! – am Sabbat, zwecks Hungerstillung auf der Flucht. Hieraus folgt ganz eindeutig, daß man sich über Primärfragen einig war, wie etwa die Frage nach dem *Schma*-Israel *als das* Bekenntnis von ganz Israel, die zentrale Stellung der Nächstenliebe und die intensive Naherwartung des Himmelreiches. Hätte es zwischen Jesus, seinen rabbinischen Kollegen und der jüdischen Bevölkerung von Galiläa einen *prinzipiellen Dissens* gegeben, hätte man ihn wohl kaum »in allen ihren Synagogen« Woche für Woche beten, Tora vorlesen und predigen lassen, wie die Evangelien es nicht weniger als zwölfmal betonen.

Jesu antisadduzäische Position in Kernfragen wie z. B. der Auferstehung (Mt 22), der Kaisersteuer (Mt 22,15ff.), die durch eine Fehlübersetzung jahrhundertelang ihrer Pointe beraubt worden war, sowie die Parabel von den bösen Weingärtnern (Mt 21,33ff.) und vieles andere wie etwa der hillelartige Spruch »Mein Joch ist sanft und meine Last ist leicht!« (Mt 11,30) – sie alle erinnern an Stellungnahmen innerhalb der sieben Pharisäerschulen. In den Evangelien fehlt es nicht an Bezeugungen kollegialer Solidarität seitens vieler Pharisäer gegenüber dem von den Römern verfolgten Jesus. Stellvertretend für viele sei erwähnt: die pharisäischen Lebensretter Jesu vor den Nachstellungen des Herodes (Lk 13,31) und die pharisäischen Frauen von Jerusalem, die ihm am Kreuzweg Beistand leisteten und mit ihm bis zum Ende ausharrten; nicht vergessen werden sollten Nikodemus, Joseph von Arimathäa und Rabban Gamaliel, die zu den Häuptern der Pharisäer gehörten und zu Jesu Freunden zählten.

Es ist bekannt, daß die neutestamentlichen Endredaktoren bei der Niederschrift der Evangelien gegen Ende des ersten Jahrhunderts, d. h. nach der Zerstörung Jerusalems und der Vertreibung der Juden in alle Winde, keine Sadduzäer mehr (also die ursprünglichen Gegner Jesu) vorfanden und daher ihre eigenen Gegner (also die Pharisäer) zu Gegnern Jesu hochstilisierten. Auf die damit zusammenhängende Geschichte der Trennung der Kirche von der Synagoge, ihrer theologischen Verselbständigung sowie der Apotheose Jesu und anderer dogmatischer Entwicklungen einschließlich der Deutungen seiner freiwilligen Passion und seinem stellvertretenden Sühneleiden kann ich leider an dieser Stelle nicht näher eingehen und greife sie in einem anderen Kontext auf.

Es scheint mir hierbei sinnvoll, die recht ambivalente Einstellung zum »Gesetz« des Rabbi Schaul von Tarsus in der notwendigen Kürze anzusprechen. Er war ja »um des Gesetzes willen« im Dauerkonflikt mit der Mutterkirche in Jerusalem, die bis zum Schluß innerhalb ihres gebürtigen Judentums verblieben war; ebenso war er im Clinch mit den herkömmlichen Schulen des Judentums und nicht zuletzt im Streit mit Konkurrenzaposteln in Galatien und in anderen jungen Gemeinden. So kann er einerseits sein eigenes Torastudium als »Kot« (Skybala) bezeichnen (Phil 3,8), aber andererseits betonen, daß das Gesetz »heilig« und das Gebot »heilig, gerecht und gut« sei (Röm 7,11). Seine 119 Nomos-Erwähnungen strotzen in der Tat von Aporien und Selbstwidersprüchen. Nicht von ungefähr klagt der 2. Petrusbrief, daß »so manches in den Briefen des Paulus schwer verständlich ist« (2 Petr 3,16), was sich mit Sicherheit auch auf dessen zwiespältige Einstellung zur Tora beziehen dürfte.

Um auf die Tora-Frömmigkeit des heutigen Judentums zurückzukommen, möchte ich eine weitere talmudische Parabel erzählen:

»Als Mosche auf den Sinai stieg, um die Tora zu empfangen, fand er Gott damit beschäftigt, kleine Krönchen an den Buchstaben der Tora zu befestigen (oder Häkchen, wie später Luther ungenau übersetzte). Da fragte Mosche: Herr der Welt, wozu sind diese nötig? Gott antwortete: Am Ende von vielen Generationen wird es einmal einen Mann geben, namens Akiba Ben Joseph, der aufgrund eines jeden Buchstabens Hügel und Berge von Gesetzeslehre auslegen wird. Da bat Mosche: Herr der Welt, laß mich ihn sehen!

Dreh dich um! sprach Gott. Da wurde Mosche in die Jeschiwa des Rabbi Akiba versetzt und setzte sich stillschweigend und aus Bescheidenheit hinter die achte Reihe von Akibas Schülern, um dem Lehrvortrag zuzuhören. Aber trotz größter Aufmerksamkeit verstand er von dem, was da gelehrt wurde, so gut wie nichts und war darüber sehr bestürzt. Als Rabbi Akiba dann zu einem umstrittenen Punkt gelangte, fragten die Schüler ihren Meister: Woher weißt du das?

Worauf Akiba mit der alten Formel der Talmudmeister antwortete: Dies ist eine Lehre, die dem Mosche am Sinai gegeben worden ist.

Als Mosche diesen Schlußsatz hörte, lächelte er und lehnte sich beruhigt zurück.« (Menachot 29b)

Wahrscheinlich würde Mosche sich heutzutage ähnlich fühlen in den vielen kleinen »Stieblach« der Talmudisten von Mea Schearim in Jerusalem oder in den Wolkenkratzern der jüdischen Reformbewegung in New-York. Die Parabel von Mosche und Akiba lehrt im übrigen gar vieles: Einerseits warnt sie vor jeglicher Überinterpretation der Tora und Hineinlesung in den Bibeltext; andererseits ermutigt sie uns, uns auch weiterhin mit dem Toratext zu befassen und ihn immer wieder zu hinterfragen. Genau dies tun alle Strömungen im heutigen Judentum.

Zu dem vielfältigen Zugang des heutigen Judentums zur Tora und dem oft scharfen Konflikt um die Auslegung wäre noch viel zu sagen. Angedeutet sei hier nur, daß die Orthodoxie im allgemeinen am Erbe ihrer Väter *unverändert* festhält, den veränderten Umständen zum Trotz, mit vielen Nuancen von Unterschieden zwischen den mannigfaltigen Schulen.

Da leider die großen rabbinischen Schulen mitsamt ihren berühmten Schulhäuptern im Holocaust untergegangen sind, fehlt es in den heutigen Gemeinden und Jeschiwot an gewachsenen Strukturen und erfahrenen Führungsgestalten, die sich den Aufgaben unserer Post-Holocaust-Zeit mit Verantwortung und Wissen stellen könnten.

Die Reformbewegung hingegen mit ihren vielen Zweigen und Ästen bezieht sich vor allem auf das *Ethos der Propheten* und versucht das Gesetz im Lichte der veränderten Lebensumstände unseres Jahrhunderts zu interpretieren, wobei sie so manche Halachot für sich abgeschafft hat. Man kann sich leicht vorstellen, daß sich dabei ein gewaltiger Konflikt um das Gesetz ergibt, wie er sich z. B. in den Grundfragen *Wer ist Jude?* und zugespitzt *Wer ist Rabbi?* manifestiert – und dies alles vor dem Hintergrund noch immer aktiver Anfeindungen und Vorurteile vonseiten der christlichen Umwelt.

Ich bin mit dem katholischen Theologen Hans Küng der Meinung, daß es in der Tat ohne echten Religionsfrieden keinen wahren Weltfrieden geben wird. Doch der Weg zu diesem Ziel ist noch recht lang und oft steinig. Vor Rückschritten sind wir dabei nicht gefeit, wie folgende Begebenheit erhellt: 1988 grüßte der Ratsvorsitzende der EKD, Bischof Martin Kruse, die Muslime in der Bundesrepublik zu Ende des Fastenmonats Ramadan mit folgenden Worten: »In der gemeinsamen Verantwortung sollten wir uns dafür einsetzen, daß Gottes Name geehrt werde.« Das aber brachte ihm scheinbar scharfe Kritik aus dem eigenen Lager ein wegen angeblicher Vermischung von Christentum und Islam. Daher schreibt der Bischof in seinem Grußwort von 1989 an die Muslime: »Daß die Muslime nun ein Fest zu ihres Gottes Ehren feierten.« Dieser Rückschritt in der angestrebten Pan-Ökumene kann uns alle nur betrüben.

Von vielen traditionsbewußten Christen und jungen Leuten werde ich des öfteren auf verschiedene archaisch anmutende, angeblich rigoros einengende Bestimmungen im streng-orthodoxen Judentum angesprochen wie etwa das Lichtanknipsen am Sabbat, das Öffnen der Kühlschranktüre oder das Anzünden des Gasherdes beispielsweise, die am Sabbat verboten sind. Es ist wohl nicht nötig zu betonen, daß all dies nur im ultra-orthodoxen Judentum Geltung besitzt und überdies zum Privatleben jedes einzelnen gehört. Demgegenüber könnte jedoch andererseits auch die »naive« Frage gestellt werden, welchen Eindruck der christliche Gottesdienst auf dieselben Juden machen muß, wenn sich ein Stück Brot innerhalb von Sekunden in den Leib Christi verwandelt, oder was eben diese Juden von einem christlichen Gottesbild halten müssen, wobei Gott sich mit dem von ihm geschaffenen Menschen versöhnt, indem er seinen eingeborenen Sohn elendig an einem Römerkreuz verbluten läßt. Oder was müssen jene Juden von einer Religion denken, die ihrer geistigen Elite, den Priestern, durch eine unanfechtbare Zölibatsbestimmung verbietet, in ihrer von Gott geschenkten Sexualität Erfüllung zu finden? Diese Liste von Rückfragen und Irritationen angesichts religiöser Traditionen auf beiden Seiten ließe sich beliebig fortsetzen. Ich bin jedoch der Auffassung, daß ein wirklicher Religionsdialog ein gerüttelt Maß an Einfühlsamkeit, Lernfähigkeit und Toleranz aufbringen sollte, um das dem anderen Heilige nicht polemisch oder selbstherrlich zu profanisieren bzw. herabzuwürdigen. In meinen jahrzehntelangen Bemühungen um gegenseitiges Verständnis habe ich stets versucht, niemals diese geistigen Grenzen zu überschreiten. So sind z. B. die *Unbefleckte Empfängnis*, die *Jungfrauengeburt* und der *Marienkult* für mich *kein* Thema der ernsthaften kritischen Debatte, sondern ich respektiere das Glaubensgut meines Gegenübers. Meiner Meinung nach liegt der allem interreligiösen Wissens zugrundeliegende Skandalon der Kirche vielmehr in der Tatsache, daß das Christentum die einzige Weltreligion ist, deren Stiftergestalt zeitlebens einer *anderen* Religion angehört hat, womit der Kirche das Bedürfnis der Selbstrechtfertigung und auch eine Portion von gelegentlichem Zweifel in die Wiege gelegt worden sind.

Auch tritt immer wieder die Frage an mich heran, ob außer Jesus je ein liberaler Pharisäer gekreuzigt worden sei. Ich stelle fest: Unter dem Regime von Pontius Pilatus allein waren es Tausende von Pharisäern, liberalen, weniger liberalen und auch zelotischen, die von den Römern gekreuzigt worden sind. Auch die beiden mit Jesus zugleich gekreuzigten sog. »Schächer« waren keineswegs *Räuber*, wie es zwei Evangelisten fälschlich behaupten, sondern Glaubenshelden, an denen die Römer zuerst *Rufmord* (als *Lestes*) und dann *Leibesmord* begangen haben. Da nach dem uns bekannten römischen Gesetz nur entlaufene Sklaven und antirömische Rebellen gekreuzigt wurden, waren sie also keine Räuber.

Kreuzigungen von »Rebellen« waren im Lande der Juden unter der Römerherrschaft nichts Außergewöhnliches. Zur Zeit der Geburt Jesu trieb Varus, der römische Statthalter von Syrien, alle Anhänger des Judas, des galiläischen Freiheitskämpfers, auseinander, zerstörte die Kreis-Stadt Zepphoris und ließ zweitausend Juden kreuzigen. Sieben Jahre später kam es unter dem Statthalter Quadratus wieder zu einer solchen Massenkreuzigung. Über den Prokurator Felix schreibt Josephus: »Die Zahl der von ihm gekreuzigten Widerstandskämpfer und der Einwohner, denen eine Verbindung mit diesen nachgewiesen wurde, stieg ins Ungeheuere« (Der Jüdische Krieg II, 253).

Unter den letzten drei Prokuratoren (um die Mitte des I. Jahrhunderts), nämlich Festus, Albinus und Florus, wandelte sich die Empörung vieler Juden über die römische Gewaltherrschaft wiederholt zum messianischen Aufruhr, den auch die als Abschrekkung gemeinten Schau-Kreuzigungen von etlichen Tausenden von »Rebellen« nicht zu dämpfen vermochten.

Bei der Belagerung Jerusalems unter Titus wurden »an jedem Tag 500 und noch mehr jüdische Gefangene gegeißelt und auf jede Art gequält und zuletzt im Angesicht der Stadtmauer ans Kreuz geschlagen«, wie Josephus Flavius berichtet (Der Jüdische Krieg V, 11,1–2).

Nach der Einnahme Jerusalems, so fährt er fort, »trieben die römischen Soldaten ihren Spott mit den jüdischen Gefangenen, indem sie jeden in einer anderen Stellung ans Kreuz nagelten, und bald fehlte es an Platz für die Kreuze und an Kreuzen für die Leiber; so viele waren es« (a. a. O.).

Bei den meisten dieser Märtyrer hat es sich um Angehörige der Volkspartei der Pharisäer gehandelt, wie jüdische Quellen berichten.

Es wird von Christen oft behauptet, daß »in Jesu Ende das Gesetz gesiegt hat«. Die Frage drängt sich nun auf: welches Gesetz? Das der Tora gewiß nicht, sondern offenkundig das *römische Gesetz*, nämlich die *lex Iulia maiestatis*, die den Rabbi Jesus besiegt und hingerichtet hat, womit auch Israel gedemütigt werden sollte, wie die Kreuzesinschrift *INRI* eindeutig bezeugt. Jeder Kenner der römischen Jurisprudenz weiß aber auch, daß Pilatus, dessen Grausamkeit ja auch im Neuen Testament belegt ist (Lk 13,1), Jesus *nicht* hätte verurteilen müssen, sondern ihn hätte entweder freisprechen oder begnadigen können.

Was mir immer wieder begegnet, ist das Mißverständnis, es handle sich bei der *Bergpredigt* Jesu um *Antithesen*. Im deutschen Sprachgebrauch müßte es dann etwa korrekt heißen: »Du sollst nicht töten ... Ich aber sage euch, daß das Töten erlaubt ist.« Das wäre in der Tat eine *echte* Antithese mit der ins Gegenteil verbundenen Behauptung bzw. Forderung. Doch steht das *so* in der Bergpredigt? Ich finde dort nur »Superthesen«, also *Tora-Verschärfungen* bzw. *-Zuspitzungen* wie z. B. folgende: »Ihr habt gehört ... du sollst nicht töten ... Ich aber sage euch: Wer seinen Bruder einen Narren nennt, der ist schon des höllischen Feuers schuldig!« (Mt 5,21ff.). Die Vermutung, Jesus setze sich hier über die Tora hinweg, ist unbegründet, handelt es sich doch vielmehr um eine wesentliche *Tora-Vertiefung*. Seit wann aber ist eine solche Radikalisierung eines Gebotes seiner angeblichen »Aufhebung« gleichzusetzen? Verschärfungen dieser Art waren und sind noch immer ein durchaus übliches Argumentationsverfahren der Rabbinen heutzutage. Wenn andererseits gesagt wird, daß im Verbot des Schwörens Jesus direkt gegen die Tora stand, ist dem nur eine Aussage Jesu aus der Bergpredigt entgegenzuhalten, wo es heißt: »Ihr habt gehört: Du sollst keinen falschen Eid schwören ... Ich aber sage euch, daß ihr überhaupt nicht schwören sollt!« (Mt 5,33 ff.) Auch hier verschärft Rabbi Jesus wiederum, wie so manche Rabbinen es bis heute tun, eine mosaische Grundbestimmung ganz im Sinne der Tora, aber keineswegs gegen sie gerichtet. Viele orthodoxe Juden weigern sich bis heute (auch vor Gericht) zu schwören aus eben diesen Gründen der ethischen Radikalisierung.

Überdies wird von Christen behauptet, daß ein am Schandpfahl Hängender und damit auch Jesus als ein von Gott Verfluchter gemäß der Tora gelte. Im 5. Buch Mose allerdings heißt es: Killelath Ha-Schem Talui (Dt 23,21). Das bedeutet: Jeder am Holz Hängengelassene kommt einer *Verfluchung Gottes* gleich, weil jeder Mensch ein Ebenbild Gottes ist. Also nicht der *Gekreuzigte* ist von Gott verflucht, sondern ganz im Gegenteil: Das Hängenlassen am Kreuz ist eine Verfluchung Gottes, die es zu vermeiden oder zu verkürzen gilt. Deshalb beeilte sich Joseph von Arimathia, der Pharisäer, Jesu Leichnam so rasch wie möglich vom Kreuz abzunehmen und ihn zu bestatten. Der paulinischen und der dann nachfolgenden christlichen Fehldeutung gemäß wären viele Tausende von jüdischen Glaubenshelden, die *vor* Jesus, *mit* Jesus und auch *nach* Jesus von den Römern gekreuzigt wurden, als Gottverfluchte zu verachten, was jedoch im eklatanten Widerspruch zur jüdischen Tradition steht, die ihre so ermordeten Glaubenshelden als *Märtyrer* verehrt.

Zusammenfassend läßt sich an dieser Stelle festhalten:

Eine Diskussion über Herrn Jakob Cohen, der in Jerusalem sein Licht am Sabbat anknipst oder nicht oder über Herrn Fritz Müller in Altötting, der vor einer Marienstatue niederkniet oder nicht – all dies wird nach meiner Meinung nicht zu den zukunftsträchtigen Themen des christlich-jüdischen Dialogs beitragen, vor allem, solange noch so viel Wesentliches so gut wie unbefragt und von der kritischen Erörterung ausgespart bleibt:

1. die Gründe des Auseinandergehens der Wege zwischen Judentum, Urgemeinde und Kirche;
2. die Bezugnahme auf jüdische Quellen und Literatur aus dem zeitgenössischen Judentum zu Jesu Lebzeiten, um den historischen Jesus und seine Bewegung besser zu verstehen;

3. Fehlübersetzungen in den Evangelien, die bis heute für das christliche Selbstverständnis und sein Verhältnis zum Judentum gravierende Folgen haben.

Andererseits wären die echten großen Wasserscheiden zwischen Kirche und Synagoge wie *Inkarnation, Trinität, Auferstehung Jesu* und die *griechische Gottessohnschaft* vielversprechende Themen des Dialogs in der Zukunft. Auch hier gäbe es noch überraschende jüdische Spuren zu entdecken. Bevor wir Juden und Christen uns nicht kreativ verständigen können, wird auch der inter-monotheistische Dialog insgesamt kaum Fortschritte machen. Erst nach erlangter Eintracht in dieser Vielfalt können wir das große Ziel des Religionsfriedens mit *allen* Weltreligionen gemeinsam ins Auge fassen.

Wenn der Messias kommt
und den in ihn gesetzten
Hoffnungen und Erwartungen
nicht ganz entspricht,
um so schlimmer für den Kommenden.

Für manche Leute ist
das Hoffen auf ihren Messias
wichtiger als das Kommen
des Messias.

Der Messias – Zankapfel oder Hoffnungsträger?

Dieses Thema, das unsere beiden Religionen an einem empfindlichen Punkt unter jeweils unterschiedlichem Vorzeichen verbindet, könnte kaum aktueller sein. Beim heutigen Glaubensschwund wie Traditionsverlust und der Gefahr des Verlustes von religiöser wie kultureller Identität bei Juden wie Christen gleichermaßen kann eine Hinführung zum Zwiegespräch – aller legitimer Divergenzen zum Trotz – entscheidende neue Denkanstöße zu einer echten Glaubensversöhnung liefern. Insofern könnte vielleicht gerade Jeschua von Nazareth, einer der größten Söhne Israels, vom Graben der Trennung zu einer begehbaren Brücke der Verständigung zwischen uns werden.

»Glauben Juden *auch* an den Messias?« Diese Frage wird mir häufig in christlichen Kreisen gestellt. Nach jahrhundertelanger Verkündigung des kirchlichen Absolutheitsanspruches und der christlichen »Enterbungslehre« Israels kann einen solch eine Frage nur wehmütig stimmen. Die Antwort lautet: Sicherlich! Mehr noch: vom Judentum ausgehend hat die Messiaserwartung sowohl das Christentum als auch etliche Schulen im Islam mitgeprägt und »messianisiert«, wie man sagen könnte. *Maschiach* ist ein hebräischer Begriff, der viele Wandlungen erfahren hat, bis er zum Inbegriff des Erlösers wurde. Wie das messianische Zeitalter sich dereinst darstellen wird, kann man im Propheten Jesaia 2 und 11 nachlesen. Im normativen Judentum sind der Glaube und die Hoffnung auf das Kommen eines persönlichen Messias so stark verankert, daß sie zum integralen Bestandteil der täglichen Liturgie werden konnten.

Was beinhaltet der Messianismus als jüdische Grundlehre? Drei Aspekte charakterisieren ihn im wesentlichen:

1. Daß das Kommen des Messias für notwendig, besser gesagt: als not-wendend erachtet wird, spiegelt den leidgeprüften Pessimismus im Hinblick auf die menschliche Unfähigkeit, die prophetische Friedensvision durch eigene Kraft zu verwirklichen, wider. Hiermit wird jegliche Selbsterlösung – von Lessing bis Karl Marx – vom Judentum eindeutig abgelehnt.

2. Zugleich aber beruht der Messianismus auf dem Fundament des theologischen Optimismus, der an der Zuversicht festhält, daß Gott dieser Welt dereinst die Erlösung schenken wird – unsere Mitarbeit am Heilswerk vorausgesetzt.
3. Zu diesen beiden Grundpfeilern gesellt sich die jüdische Hoffnungskraft, die, allem Leiden zum Trotz, an die Heilbarkeit dieser Welt glaubt – ganz im Sinne des Propheten Sacharia, der von uns als »den Gefangenen der Hoffnung« (9,12) spricht.

Wie stark der Messiasglaube im Judentum verankert ist, bezeugt u. a. das Gedicht jenes unbekannten Juden, das er, inmitten der Hölle des belagerten Warschauer Ghettos, an eine Wand gekritzelt hat:

Ich glaub', ich glaub', ich glaube
Unerschütterlich und fromm,
Daß der Messias komm.
An den Messias glaube ich.
Und wenn er auf sich warten läßt,

Glaub' ich darum nicht weniger fest.
Selbst wenn er länger zögert noch,
An den Messias glaub' ich doch.
Ich glaub', ich glaub', ich glaube.

Das Wort *Messias* ist ein hebräischer Begriff und meint *den Gesalbten*, der in der Frühgeschichte Israels zunächst den Priestern, dann den Königen und später den Befreiungshelden angeeignet wurde. In Mischna und Talmud erst wurde der *Maschiach* zum endzeitlichen Erlöser. Dort wird er u. a. auch als demütiger, leidender Schmerzensmann geschildert, der vor den Toren Roms unter den Bettlern sitzt und seine Wunden verbindet – in sehnlicher Erwartung seiner Stunde.

Im Judentum wird jedoch kein Erlöser überirdischer Herkunft erwartet, noch muß er von einer Jungfrau geboren werden oder von den Toten auferstanden sein. Letztlich kommt es nur darauf an, daß er das von den Propheten vorausgesagte Friedensreich auf

Erden errichtet – was leider bis heute noch nicht geschehen ist, wie wir alle wissen.

Das Auftreten von Messiasprätendenten, ja, von falschen Messiassen ist im Judentum fast so alt wie die Hoffnung auf den wahren Verheißungsträger. Die akute Naherwartung auf das irdische Himmelreich, was der pharisäische Ausdruck für das Friedensreich der Propheten ist, führte im Judentum – insbesondere zu Notzeiten – wiederholt zu flammenden Befreiungsbewegungen gegen die Fremdherrschaft, die fast immer einen schweren Blutzoll forderten. Man meinte, dem Messias den Weg bereiten zu müssen, um seine Ankunft zu beschleunigen. So lesen wir bereits im Neuen Testament von *drei* solchen Männern, die von vielen ihrer Zeitgenossen als *Maschiach* empfangen wurden. Es handelt sich um den sogenannten *Ägypter* (Apg 21,38), um *Theudas* und ferner um *Judas Galiläus* (Apg 5,36f.), die allesamt – trotz des Aufruhrs, den sie anführten – letztlich wirkungslos aus der Geschichte verschwunden sind.

Von den neunzehn uns bekannten »Pseudo-Messiassen«, die quer durch die Jahrhunderte bis in unsere Tage Israel zu erlösen bestrebt waren – jeder auf seine Art –, möchte ich *Bar-Kochba* erwähnen, der vom großen Rabbi Akiba anno 132 öffentlich als Messias proklamiert wurde. Trotz anfänglicher Erfolge im Befreiungskampf gegen die römischen Unterdrücker war Bar-Kochba letztlich nicht erfolgreich und fiel von Römerhand. Rabbi Akiba hatte sich also geirrt, was aber nichts an seiner Größe als pharisäischer Rabbi gemindert hat. Auch er wurde von den Römern grausamst hingerichtet. Seit damals sind die Rabbinen sehr zurückhaltend mit mutmaßlichen Heilsbringern, da das breite Volk meist unter den tragischen Folgen messianischer Erhebungen zu leiden hatte. Dies ist auch einer der Gründe des rabbinischen Verbots, den Tempelberg in Jerusalem zu betreten, an das sich orthodoxe Juden bis heute halten.

Ging doch von diesem Brennpunkt so mancher messianische Aufstand wie ein Lauffeuer aus. Im übrigen gibt es heutzutage etliche christlich-evangelikale Gruppen, die den Wiederaufbau des Tempels durch den Staat Israel fördern möchten, um dadurch, wie sie meinen, die Wiederkunft Jesu zu beschleunigen. Und dies trotz der Warnung Jesu an seine Jünger, »die Zeit und Stunde« nicht zu bedrängen, die einzig und allein »Gott in seiner Macht hat« (Apg 1,7) – eine rabbinisch korrekte Äußerung.

Messianitis also heißt eine akute Entzündung der theologischen Hoffnungsdrüsen und blieb bisher größtenteils eine jüdische Anfälligkeit. So gab es im Mittelalter auch in Europa solche Erscheinungen wie z.B. Schabbatai Zwi, Jakob Frank, Reubeni, Fürst der Juden, Salomo Molcho und andere mehr. Alle hinterließen im Fahrwasser ihres Scheiterns weitverbreitete Resignation und langwährende Erschütterungen, die jedoch die *grundsätzliche* Messiaserwartung und die Hoffnung auf die volle Erlösung Israels nicht zu schmälern vermochten. Vielleicht waren diese Messiaswirren ein Grund für die jüdische Reformtheologie im 19. Jahrhundert, den Akzent der Hoffnung entpersonalisiert auf ein messianisches Zeitalter zu verlagern. Die jüdische Orthodoxie hingegen, in all ihren Schattierungen, wartet inbrünstig auf den persönlichen Messias, dem etliche von ihnen nachhelfen zu müssen glauben.

Was nun den *Rabbi von Nazareth* anbetrifft, der mittels des jüdischen Würdetitel »Messias« zum Heiland der Christenheit geworden ist, so erfahren wir aus den Evangelien, daß dieser *Jeschua Ben Josef* als Sohn jüdischer Eltern geboren, am achten Tage beschnitten, am vierzigsten Tage im Jerusalemer Tempel wie alle jüdischen Erstgeborenen »ausgelöst«, und mit dreizehn Jahren daselbst *Bar-Mitzvah* wurde. Später trat er als Tora-Lehrer in Galiläa und Judäa auf, scharte eine große Bußbewegung um sich, genoß großes Ansehen, wurde häufig als Rabbi tituliert, hat eine gewaltige Lehre verkündet und wurde im Alter von etwa dreiunddreißig Jahren als »König der Juden« gemäß des *titulus* am Kreuz von Römern gekreuzigt. Nach den synoptischen Berichten wurde er »am dritten Tage« von den Toten auferweckt, was dem pharisäischen Glauben seiner Jünger an die Auferweckung entsprach. Obwohl diese Auferweckung am Ostersonntag in weiten Kreisen des heutigen Judentums nicht akzeptiert wird, gehöre ich zu ihren Bejahern, was mein Judentum keineswegs schmälert.

In dieser ganzen Biographie und Leidensgeschichte hat Rabbi

Jeschua weder durch Taten noch Unterlassungen und auch nicht durch seine Lehre sein gebürtiges Judentum je verletzt, gesprengt oder verlassen. Kronzeugen für diese Behauptung sind »alle Synagogen« seiner Heimat, in denen er »Sabbat für Sabbat« die Tora zu lesen, auszulegen und zu predigen pflegte. Es drängt sich die Frage auf:

Warum aber können ihn die Juden nicht als den Messias Israels anerkennen? Ich will dazu vier entscheidende Gründe anführen:

1. Er trat selbst nicht mit dem Anspruch als Messias öffentlich auf.
2. Er verbot seinen Jüngern und all seinen Bekannten eindringlich, sein Leidensgeheimnis zu enthüllen.
3. Er entzog sich wiederholt allen Huldigungen vonseiten des Volkes und vollbrachte seine meisten Heilungen unter dem Siegel strenger Verschwiegenheit.
4. Diese Welt, in der wir leben, ist nach wie vor *unerlöst*.

Obwohl Jesus also *nicht* der Messias Israels war, ist er zum Heiland der Heidenkirche geworden, und in seinem Namen kam die Botschaft des (jüdischen) Monotheismus bis auf die fernsten Inseln. Dank seines Wirkens ist auch fast das gesamte christliche Heilsvokabular bis heute jüdischen Ursprungs: *Himmelreich, Friedensfürst, Buße, Sündenvergebung, stellvertretendes Sühneleiden, Leidender Gottesknecht, Gnade, Auferstehung der Toten* und anderes mehr sind hebräische Theologumena, womit der spätere Entwicklungsweg der Heidenkirche ihr unbenommen sei.

Mit betonten Ausnahmen ging Jesus *nicht* zu den Heiden und verstand sich als *nur* zu Israel gesandt. Wie Amos, Jesaja und Hosea ihr sündigendes Volk bitter schalten und rügten, tat es auch Jesus aus Sorge und Hingabe. Dennoch legt die Kirche gerne seine Scheltreden als angeblichen *Bruch* mit Israel aus. Dann aber müßte sie auch die Propheten als antijüdisch anprangern. Und Jesus wurde keineswegs von allen Juden abgelehnt oder verfolgt, wie es im Neuen Testament angedeutet wird. Ganz im Gegenteil: »Viel Volk«, wie es siebenmal in den Evangelien heißt, »folgte ihm«, »Tausende« nahmen an seinen Brot-Vermehrungen teil; »große Volksmengen« lauschten seinen Predigten in Galiläa und später auch in Jerusalem; führende Pharisäer wie Nikodemus, Joseph von Arimathäa und Rabban Gamaliel zählten zu seinen Freunden, und galiläische Pharisäer retteten sein Leben (Lk 13,31).

Als berühmter Tora-Ausleger hatte er natürlich auch sein Sondergut und führte viele Lehrgespräche, wie es üblich war, mit den anderen pharisäischen Schulen. Der synoptische Jesus zeichnet sich durch Demut und Bescheidenheit aus und lehnt alle Ehrentitel ab. Wie schon gesagt, hat Jesus die Tora verschärft, wie es in den »Superthesen« der Bergpredigt zu lesen ist. U. a. wird häufig gesagt, er habe mit seinem Auftrag »Widersteht dem Bösen nicht!« die Grenzen des Judentums überschritten. Dazu äußerte sich auch der Bischof von Limburg, Dr. Franz Kamphaus, und zwar in einem Vortrag vom 3.9.1982, der später von der Deutschen Bischofskonferenz herausgegeben wurde: »Dieser Aufruf, keinen Widerstand zu leisten, ist erst durch den Evangelisten Matthäus eingefügt worden.« Gemäß dieses Einschubs wäre wohl Dietrich Bonhoeffer ein schlechter Christ gewesen – was doch niemand behaupten wird.

Nach den im Judentum festgelegten Kriterien von Gotteslästerung hat er zu keinem Zeitpunkt eine solche begangen. Er nennt sich selbst niemals »Gottessohn«, obwohl der Gottessohn auf hebräisch ein bekannter Begriff für einen selten begnadeten und besonders frommen Menschen war, zu dem man durch Imitatio Dei »werden« konnte, wie auch bei Mt 5,45 nachzulesen ist.

Von der griechischen Gottessohnschaft wußte Jesus so wenig wie von der Trinität und der Zwei-Naturenlehre, da diese griechischen Begriffe erst lange nach seinem Tode geprägt wurden. Natürlich kannte er auch das Neue Testament nicht, das erst ein Menschenalter nach ihm niedergeschrieben wurde. Ebenso war ihm der Begriff *Christ* als Anhänger einer neuen Religion völlig unbekannt.

Eine Tatsache fällt bei derlei Betrachtungen insbesondere auf: Um die weltumfassende Heidenkirche ins Leben zu rufen, war das kleine jüdische *Ja* der Urgemeinde zu Jesus genauso heilsnotwendig wie das große *Nein* der meisten Juden. Hätte ihn ganz Israel als

Messias angenommen, wäre Paulus, wie er selbst betont, niemals zu den Heiden gegangen. Dann aber wäre die jesuanische Bewegung eine innerjüdische Institution geblieben. Das uns bekannte christliche Abendland hätte es so nie geben können.

Wenn Jerusalem nicht im Jahre 70 zerstört und die Juden von den Römern vertrieben worden wären, hätte die Jerusalemer Urgemeinde im Streit mit der Paulusrichtung vielleicht die Oberhand behalten, so daß Europa eher judenchristlich und nicht paulinisch-christlich geworden wäre.

Wer war aber schuld an Jesu Tod?

Wer gewillt ist, die Evangelienberichte ihres polemischen Überbaus zu entkleiden, kann kaum umhin, folgendes Tatsachengerüst wahrzunehmen:

Die Verhaftung Jesu wurde von *römischen* Truppen befehligt (Mk 14,43). Es handelte sich um eine *Kohorte* (Speira) von rund 600 Mann unter dem Kommando eines *»Chiliarchos«*, was einem Oberst entspricht, wie uns Joh 18,12 nüchtern berichtet.

Es war *römisches* Recht, das von dem *Römer* Pontius Pilatus angewandt wurde; *nur* der *römische* Landpfleger besaß die Kompetenz, Jesus zu verurteilen. Die sadistisch-brutale Art der Hinrichtung war *römisch* und dem jüdischen Strafrecht unbekannt; und die Vollstrecker des Todesurteils waren *römische* Legionäre, die mit ihm auch sein ganzes Volk, als angespieenen und dornengekrönten »Judenkönig«, demütigen wollten, als sie ihn auspeitschten und dann ans Kreuz schlugen. Andererseits waren all jene, die zu Jesus standen (auf dem Kreuzweg und auf Golgotha) ausnahmslos Juden und Jüdinnen. Das kirchliche Credo bestätigt: »Geboren ... gelitten unter Pontius Pilatus ... gekreuzigt und gestorben ...«

Die letztgültige Antwort auf die Schuldfrage können wir den Passionsberichten selbst entnehmen, die feststellen, daß Jesus seinen Weg zum Kreuz bejaht hat. Mehr noch! Er hat keinerlei Versuch unternommen, sich der Gefangennahme zu widersetzen oder zu entziehen und sich vor Pilatus rechtskräftig zu verteidigen. Noch hat er davor oder danach einen der vielen Fluchtwege ergriffen, die ihm bis zu Golgatha frei offenstanden, wie wir sie aus der jüdischen Überlieferung kennen. In den drei Leidensankündigungen hat Jesus seine Jünger auf sein Ende am Kreuz wiederholt hingewiesen. So konnte er sagen: »Niemand nimmt mir mein Leben, sondern ich lasse es von mir selbst« (Joh 10,18). Ja, schon beim Aufstieg nach Jerusalem kündigte er den Seinen an: »Es geht nicht an, daß ein Prophet umkomme außerhalb von Jerusalem« (Lk 13,33).

Und beim letzten Abendmahl, also beim Seder des Pessach, vollendete er die Ankündigung seiner freiwilligen Selbstaufopferung mit dem Wort von seinem Blut, das »für Euch«, »für Viele« und »für Alle« vergossen wird, wie es in drei verschiedenen Formulierungen der Evangelien und bei Paulus heißt.

Mit der gewaltsamen »Tempelreinigung« und der verhüllten aufrührerischen Antwort auf die Frage nach der Kaisersteuer brachte er wissentlich den Stein ins Rollen, der zu seiner Gefangennahme führen mußte. Ganz in diesem Sinne ermutigt er selbst den Judas, gleich nach der Fußwaschung: »Was du tun sollst, das tue sogleich!« (Joh 13,27)

Im Grunde tat Judas das, was Gott selbst mit Jesus tat, wie es im Römerbrief heißt: »Er hat ihn dahingegeben« (Röm 8,32) – wie es noch sechs weitere Male in einer Kette von »paradidonai« im Neuen Testament heißt, wobei von einem Verrat des Judas *nirgends* die Rede ist!

Was hatte Judas überhaupt zu verraten, da Jesus doch öffentlich zu Jerusalem zu lehren pflegte und allgemein bekannt war?!

Von den verschiedenen Christologien, die sich dem Neuen Testament entnehmen lassen, wäre es nicht naheliegend zu folgern, daß Jesus sich seit seinem letzten Aufstieg nach Jerusalem als *Leidender Gottesknecht* (nach Jes 53) verstand, der stellvertretend für alle das Sühneleiden auf sich nimmt, um die Erlösung anzubahnen? Wiederum in diesem Sinne wäre auch sein selbstaufopferndes Wort zum römischen Oberst in Gethsemane zu verstehen: »Ich bin es – laß diese da gehen!« (Joh 18,8f.)

Ich will kurz zur Aussage von Kaiaphas, dem Haupt der sadduzäischen Priesterhierarchie, die rund dreißig Familien zählte, kommen.

Mit ihnen war Jesus – wie auch viele Pharisäer – im Streit, wie wir auch aus der Debatte um die Auferstehung (Mk 12,18ff.) erfahren. Viele dieser *echten* Streitgespräche wurden bei Niederschrift der Evangelien, fünfzig Jahre später nach Untergang dieser Tempelkurie bei der Zerstörung von Jerusalem durch die Römer, auf die überlebenden Pharisäer, der Volkspartei, umredigiert. Mit den sieben Schulen der Phariäser hingegen hatte Jesus Lehrgespräche geführt, wie sie bis heute im Judentum üblich sind.

Was sagte Kaiaphas? »Es ist besser, daß ein einzelner Mensch sterbe, als daß das ganze Volk zugrunde gehe!« (Joh 11,53) Womit die Furcht der Priesterschaft vor dem Ausbruch eines blutigen Aufstandes durch Jesu zündende Ausstrahlungskraft zum Ausdruck kommt – ein Aufstand, der viele jüdische Opfer von Römerhand gekostet hätte, wie es alljährlich bei ähnlichen Pessach-Unruhen der Fall war. Wir wissen von Mk 15,7, daß sogar in jenen Tagen bereits ein solcher Aufstand in Jerusalem getobt hat, in dem Barabbas bekanntlich wegen Aufruhrs verhaftet worden war.

Es ist nicht meine Aufgabe, Schuld zuzuweisen oder Unschuld zu beweisen, doch sollte es nicht unser gemeinsames Anliegen sein, die Kollektivbeschuldigung am Tode Jesu, die fünfzig Generationen von Christen bis heute allen Juden anlasten, nur weil vielleicht ein Großstadtpöbel von etlichen Hunderten damals in Jerusalem geschrieen habe: »Sein Blut komme über uns und unsere Kinder!« (Mt 27,25), mittels Predigt und Katechese endlich zu widerlegen? Selbstverständlich habe ich nicht die Absicht, das Neue Testament zu zensieren oder umzuredigieren.

Aber ist es nicht an der Zeit, allen Christen zu empfehlen, gewisse in der Heißglut des Auseinandergehens der Wege der Jungen Kirche und ihrer Mutter Synagoge wutschnaubend geschriebene zeitbedingte Zornausbrüche im Lichte ihrer Zeit zu relativieren und mittels der Bibelkritik und des historischen Hintergrundes zu verkündigen?

Warum aber haben sich Juden so selten literarisch mit einem ihrer größten Brüder befaßt bzw. auseinandergesetzt?

Auf hebräisch – wahrscheinlich in Jerusalem – entstand das erste Schrifttum über Jesus, der uns selbst keine Zeile schriftlich hinterlassen hat. Seit der konstantinischen Wende gibt es rund eineinhalb Jahrtausende lang keine jüdische Literatur über Jesus, weil die mittelalterliche Kirche dergleichen bei hoher Strafe verbot und die Juden sich von einer Gestalt distanzierten, in deren Namen ihnen viel Unheil angetan wurde und um deretwillen sie zu schmerzlichen Schaudisputationen gezwungen wurden. Erst seit dem 19. Jahrhundert gibt es eine wissenschaftliche und literarische Beschäftigung mit Jesus vonseiten jüdischer Forscher und Schriftsteller. Eine Kardinaltatsache ist es, daß Juden nur in einem Klima der Freiheit imstande sind, sich ernstlich mit Jesus zu befassen.

Dies erklärt die neue Fülle der jüdischen Jesusliteratur in der Diaspora und in Israel. Diese Autoren sehen Jesus überwiegend als Befreiungstheologen, als Widerstandskämpfer, als Leidensgefährten in Auschwitz, als Märtyrer für den Glauben Israels, als Heiland der Heiden – und vieles mehr. Über alle Trennungen der Jahrtausende hinweg holen ihn diese jüdischen Denker heim – ihn, der nie fortgegangen war.

Von den vielen Gemeinsamkeiten, die uns Juden und Christen in unserem Glaubensgut verbinden, soll auf *zwei* für diesen Themenkomplex relevante hingewiesen werden:

Erstens: Die Vollerlösung steht für uns alle noch immer aus. Anfängliche Erlösung beginnt für Juden schon mit der Sinai-Offenbarung, für Christen seit dem Golgotha und Pfingsten als Arrabon oder Angeld, wie Paulus es benennt (Eph 1,14).

Doch *keiner von uns* ist im Besitz des ganzen Heils, das weiterhin offenes Hoffnungsgut für Juden und für Christen bleibt, auch wenn wir es jeweils unterschiedlich verstehen oder auslegen mögen.

Zweitens: Es verbindet uns – schmerzlich, aber unzweideutig – die Parusieverzögerung, wobei *Parusie* bekanntlich »Ankunft« und nicht Wiederkehr bedeutet. Wir sollten uns geschwisterlich den Weltrekord in Ausdauer und in Hoffnungskraft teilen. Juden warten ja schon seit rund 2000 Jahren, Christen seit über 1900 Jahren auf die Vollerlösung. Wäre es da nicht an der Zeit, eine Allianz der Zuversicht zu gründen, um unserer verunsicherten Welt einen Weg der tatkräftigen Entfeindung und Versöhnung vorzuleben?

Wenn auch diese Ziele fern und unerreichbar scheinen und unsere Möglichkeiten recht gering sein mögen, sind wir nicht frei, uns der Mitarbeit an einem so umfassenden Heilswerk zu entziehen, wie es die Rabbinen und Jesus so oft betonen. Denn wenn wir alle nicht bald zur Einsicht gelangen, daß jeder Zwist der Religionen – zwischen Juden und Christen, aber auch grundsätzlich innerhalb des Monotheismus und weit darüber hinaus – den Weltfrieden gefährden muß, könnten wir alle in unserem gemeinsamen Boot mit Namen Erde gegeneinander Halleluja singend miteinander untergehen, was Gott verhüten möge. Im Sinne von Franz Rosenzweig meine ich: »Ob Jesus der Messias war, wird sich herausstellen, wenn der Messias kommt.« Diese Streitfrage sollten wir also auf den ersten Sonntag *nach* der Vollerlösung vertagen, wenn der so sehnlich Erwartete uns alle belehren wird.

Die Erwählung Israels ist keineswegs Gabe –
sondern eine Aufgabe;
keineswegs ein Vertrag –
sondern ein Auftrag Gottes;
keine Würde –
sondern eher eine schwere Bürde.

Hat Jesus einen Vorläufer im Alten Testament?

Der leidende Gottesknecht

Das dreiundfünfzigste Kapitel des Buches Jesaja gehört zu den kürzeren Aussagen des großen Propheten – und dennoch ist es wohl die reichste Perikope in der Fülle ihrer verschiedenen Auslegungen – die von frühen Makkabäerzeiten bis in die Neuzeit hinein reichen. Der Grund: Dieses sogenannte vierte Lied vom leidenden Gottesknecht ist zwar in eine knappe, wuchtige Sprache gekleidet, aber sein Sinn ist vieldeutig und häufig mit subtiler Allegorie umwoben. Es ist, als ob dieses letzte Lied vom Leidensknecht mit Absicht so gesungen wurde, um eine Vielzahl von Deutungen herauszufordern, vielleicht, wie Paulus sagt, »damit die mannigfaltige Weisheit Gottes kundgetan werde«. (Eph 3,10)

Deutlich ist, daß hier eine ganz neuartige Antwort auf die uralte Frage nach den Leiden der Gerechten gegeben wird: Warum läßt Gott ausgerechnet die Frömmsten auf Erden den Kelch der Schmerzen bis zur Neige auskosten? So tönt und so stöhnt es immer wieder aus der Glaubensliteratur Israels.

Auf die Frage nach dem Bösen in der Welt – das Bollwerk des Atheismus, wie Martin Buber sie nannte –, die letztlich der Klage um die Leiden der Gerechten zugrunde liegt, gibt es sechs mögliche Antworten:

Die Antwort des Atheismus, der Gott leugnet und das Böse in der menschlichen Unmenschlichkeit entdeckt; die Antwort des Deismus, die Gott nur als Schöpfer anerkennt, nicht aber als Richter der Welt; die Antwort, die keine Antwort geben kann, da Gottes Wege unerforschbar sind; jene Antwort, die die menschliche Willensfreiheit als Grundtatsache akzeptiert und daher den Menschen die Verantwortung für das Böse aufbürdet. Schließlich die Antwort, die die Existenz des Bösen leugnet, wie es die Mystiker tun, die nur das Noch-nicht-Gute kennen, das lediglich der Unterweisung bedarf, um gut zu werden, und als letzte diejenige, die im Dualismus eine Erklärung des Bösen finden will: Die Welt gilt hier als Schlachtfeld zwischen Gott und Satan, wobei der Sieg des Guten keineswegs gesichert ist.

All diese sechs Notlösungen waren schon zu Bibelzeiten wohl bekannt, wie wir es aus den Widerlegungen der Propheten und Psalmisten herauslesen können – und dennoch hörte der jüdische Geist nie auf, über das Unfaßbare zu grübeln, um eine zufriedenstellendere, gottgefälligere Antwort auf das Urproblem aller Theologie zu finden. Vor allem aber war es das Herz, das gequälte, leidende, oft brechende Herz der Hebräer, das in der Stunde der bittersten Not immer wieder aufschluchzte:
»Mein Gott, mein Gott, wozu hast Du mich verlassen?«
Jesajas vier Lieder vom »Knecht Gottes«, die im großen Hymnus von Jes 52,13–53,12 gipfeln, schildern den Gottesknecht als einen unansehnlichen Mann, der weder Gestalt noch Schönheit besaß, von Krankheiten geplagt und schließlich hingeschlachtet wurde, um unter Übeltätern sein Grab zu finden. Erst später wurde offenbar, daß gerade dieser Namenlose, der solch unverdientes Elend trug, der Erwählte des Herrn war, der die Sünde anderer auf sich genommen hatte, um ohne Klage und Anklage für sie zu büßen. Der Verworfene ist also der Auserkorene; der unschuldige Sündenträger wird zum großen Entsühner – womit die Idee des stellvertretenden Sühneleidens zur Welt kam – eine Vorstellung, aus tiefster Not geboren, die alle Grenzen menschlicher Logik sprengt, nicht aber die der Theo-Logik, die einem Glauben entspringt, der häufig zu tieferen und tröstlichen Einsichten verhelfen kann.
Aber wer ist der unbekannte »Knecht Gottes?«
Bei der Durchmusterung dieses zentralen Begriffes im jüdischen Schrifttum fällt auf, wie viele Gestalten in der Bibel mit der Bezeichnung beschrieben werden:
Als »Knecht Gottes« gilt in diesem Sinne nicht nur Mose (Nu 12,7f.) und Josua (Jo 24,29) wie auch König David (II Sam 3,18; 7,5.8) und die Propheten (II Kön 17,23; Am 3,7), sondern auch wiederholt das ganze Volk Israel – insbesondere bei Jesaja selbst, wo wir lesen: »Du aber, Israel, Mein Knecht; Jakob, den Ich erwählt habe« (Jes 41,8) und, kurz darauf: »Du bist Mein Knecht, Israel, durch den Ich Mich verherr-

lichen will« (Jes 49,3) und, noch bedeutsamer, in der Schlüsselstelle, die Israels universale Mission an der Völkerwelt betont:
»Es ist nicht genug, daß du Mein Knecht bist, um ... die Zerstreuten Israels wiederzubringen; Ich habe dich auch zum Licht der Heiden gemacht, auf daß du seist Mein Heil bis an die Enden der Welt.« (Jes 49,6)

Die autobiographische Auslegung

Und dennoch stützt sich die älteste uns bekannte Deutung auf eine apokryphe Überlieferung vom Martyrium des Jesaja, der unter dem abtrünnigen Ketzerkönig Manasse in einen hohlen Baum geklemmt und lebendig durchsägt worden sein soll. So heißt es am Ende der »Himmelfahrt Jesajas«, einer Schrift, die höchstwahrscheinlich in ihrer Urfassung aus dem ersten vorchristlichen Jahrhundert stammt:
»Jesaja aber schrie weder noch weinte er, als er zersägt wurde, sondern sein Mund unterhielt sich mit dem Heiligen Geist, bis er entzweigesägt war.« (Ascensio Jesaiae 5,14)
So könnte also das Klagelied von dem Märtyrerpropheten entweder als autobiographische Voraussage oder als Postscript eines seiner Jünger aufgefaßt werden, wie es in der Tat auch in einem Strang der rabbinischen Tradition geschah.
Und das um so mehr, als das Prophetenschicksal in Israel fast ausnahmslos zur Leidensgeschichte geworden ist.

So zum Beispiel mußte Elia fliehen, um das nackte Leben zu retten, da sowohl König Ahab als auch seine Gattin Isebel ihn umbringen wollten. Micha wurde geschlagen und ins Gefängnis geworfen; Amos riskierte sein Leben wiederholt und wurde des Landes verwiesen; Uria wurde vom König Jojakim ermordet; Sacharia wurde zu Tode gesteinigt (II Chron 24,20–21) und Jeremia wurde halb tot geprügelt und in den tiefsten Kerker gestoßen, wo er seine Verzweiflung in Worte faßte, die unzweideutig an Jesajas Schmerzensmann erinnern:

»Denn ich war wie ein argloses Lamm gewesen, das zur Schlachtbank geführt wird, und wußte nicht, daß sie gegen mich beratschlagt und gesagt hatten: Laßt uns den Baum in seinem Saft verderben und ihn aus dem Land der Lebendigen ausrotten, so daß seines Namens nimmer gedacht werde!« (Jer 11,19)
Bei Ezechiel heißt es sogar, daß er als nationaler Prügelknabe stellvertretend die Missetaten seines ganzen Volkes trug:
»Du sollst dich auf die linke Seite legen und die Schuld des Hauses Israel auf dich legen. So viele Tage du da liegst, so lange wirst du auch ihre Schuld tragen.« (Ez 4,4)

All dies wurzelt im Urproblem der Geschichte aller Großreligionen: Wie hält der Mensch dem, was anderswo Göttliche Sendung oder »Auftrag von Oben« heißt, im alten Israel aber »Salbung« genannt wird, stand? Die Geschichte des Königtums im biblischen Gottesvolk ist im großen und ganzen eine Geschichte der unerfüllten Salbung durch die Gesalbten. Daraus allein ist die Entstehung des Messianismus als Glaube an »Den Gesalbten«, der die Salbung verwirklichen wird, zu erklären.
Nun aber, in dieser Notlage des versagenden Königtums, ersteht die neue Führergestalt, die »geschichtswidrigste«, wie Martin Buber ihn nennt, denn sie wird eingesetzt gegen den König und seine Macht. Mehr noch: gegen das, was das Volk sein geschichtliches Leben nennt. Wenn Gott zu Jeremia sagt: »Ich will dich ... zur ehernen Mauer machen im ganzen Lande« (Jer 1,18), so heißt das im Klartext, daß der Prophet nicht nur gegen die Machthaber zu stehen hat, sondern auch gegen das Volk selbst. Der Prophet ist der Mann, der nicht nur gegen die eigenen natürlichen Instinkte, die ihn an die Gemeinschaft binden, handeln muß, sondern sich auch gegen das So-weiter-leben-Wollen des Volkes zu stellen hat, weil er keine irdische Erfüllung gutheißen darf, die nicht das Reich Gottes auf Erden seiner Verwirklichung näherbringt.
Die unvermeidlichen Leidenserfahrungen des ewig-kritischen Propheten, der wegen seiner Botschaft von den Machthabern

und vom Volk als dessen Feind behandelt wird, sammeln sich dann im Bild des Knechtes Gottes, seines Leidens und Sterbens um der Herrschaft Gottes willen – ein Bild des erkorenen Werkzeuges Gottes, der »seinen Mund wie ein scharfes Schwert« und ihn selbst »zum spitzen Pfeil gemacht hat«, um ihn »in Seinem Köcher« zu verwahren. (Jes 49,2)

Die prophetische Auslegung

Und so kam es zur prophetischen Deutung, die in diesem anonymen Leidensknecht einen der großen Künder in Israel sehen will – wobei Jeremia und Ezechiel den Vorzug haben. Denn jeder einzelne der gottberufenen Mahner mußte ja sowohl leiden als auch Mißerfolg ernten und zahllose Verunglimpfungen erdulden. Ihre Botschaft war so peinlich, daß sie viele ihrer Landsleute empören mußte. Doch gerade ihrem Ruferamt war es zu verdanken, wie die besonnenere Rückschau später erwies, daß Israel immer wieder auf Gottes Wege zurückkehrte – auch wenn das Volk den Propheten anfänglich mit Schmach und Schimpf bedacht hatte.

Diese Erfahrung mag wohl auch in Vers 53,5 zur Sprache kommen: »Die Strafe lag auf ihm, auf daß wir Frieden hätten; und durch seine Wunden sind wir geheilt.«

Da Poesie und orientalische Phantasie zur dichterischen Freiheit aller Propheten in Israel gehören, mag hier »die Strafe« und »die Wunden« jene schroffe Ablehnung zum Ausdruck bringen, die Jesaja häufig erfahren mußte – und »die Heilung« könnte sich auf die moralische Gesundung beziehen, die die schließliche Befolgung seiner Scheltreden, die seiner Frohbotschaft vorangingen, mit sich brachte.

Schließlich heißt es von dem anonymen Dulder in Jes 53, daß er, trotz aller Pein und Qual, *nicht* gestorben sei, sondern, ganz im Gegenteil, ein hohes Alter erreichen konnte und mit Nachwuchs gesegnet ward. Das zumindest ist die wörtliche Aussage

von Jes 53,10, wo es heißt: »Er wird Nachkommen haben und lange leben – und Des Herrn Plan wird durch seine Hand gelingen.« – Ein Satz, der bis heute im rabbinischen Judentum als Geburtstagswunsch in Form eines Kürzels Verwendung findet.
Daß dieser Gottesknecht als eine Selbstbezeichnung Jesajas gelten konnte – schon zu Lebzeiten Jesu –, lernen wir auch aus dem 8. Kapitel der Apostelgeschichte. Dort liest der Kämmerer der Königin von Äthiopien, auf dem Heimweg von einer Pilgerfahrt nach Jerusalem, eben dieses vielsagende Kapitel des Jesaja. Es handelt sich allem Anschein nach um eine Halbproselyten, denn seine Lektüre bezeugt eine weitgehende Vertrautheit mit der hebräischen Bibel, die er alsbald auch beweisen kann. Sobald er die Beschreibung jener Leiden gelesen hat (Jes 53,7–8), stellt er dem Apostel Philippus die bedeutsame Frage: »Von wem sagt dies der Prophet? Von sich selbst oder von jemand anderem?« (Apg 8,34) Das Nächstliegende war also für ihn, wie für viele jüdische Leser, die autobiographische Deutung, nach der Jesaja seinen eigenen Leidensweg beklagt – nur um den Sieg seiner Botschaft und der Sache Gottes, die er vertritt, mit Nachdruck zu Anfang und zu Ende des Hymnus zu verkündigen. Doch der Äthiopier erwähnt wohlweislich als zweite Möglichkeit »einen anderen« – auch das in Übereinstimmung mit der Vielzahl der rabbinischen Schriftauslegungen.
Wer mag nun dieser andere sein?

Die historische Auslegung

Neben der autobiographischen und der prophetischen Deutung kennt die jüdische Überlieferung auch die sogenannte historische Auslegung, die diesen Text mit einer maßgebenden Person aus Israels Vergangenheit identifiziert. Neben Mose, dessen Leiden in keinem Verhältnis zu seiner Gerechtigkeit stehen, wird auch einige Male Rabbi Akiba erwähnt, der den Märtyrertod von Römerhand für die Heiligung des Gottesnamens auf sich nahm. Doch die meisten historischen Deutungen konzentrieren sich auf gekrönte Häupter in Israel, die in der Volksfrömmigkeit zu Mittlergestalten zwischen Gott und den Hebräern erhoben wurden.

So zum Beispiel wird häufig der König Usia genannt, dessen Leprakrankheit ihn zum »Aussätzigen« machte – was damals als Gottverlassenheit angesehen wurde, um so mehr, als »die Krankheit«, von der Vers 53,10 spricht, im rabbinischen Sprachgebrauch als Aussatz galt. Ebenso relevant mag die Tatsache sein, daß Usias Tod ein Ereignis von solch emotionaler Tragweite war (II Chr 26,22), daß es als Antrieb zu Jesajas Berufungsvision verstanden wurde (Jes 6,1.5–8).
Zu demselben Traditionsstrang gehört auch König Chiskia, von dem es heißt, er sei »todkrank« (II Kön 20,1 gewesen, ehe Jesaja ihm nach Gottes Ratschluß zur Genesung verhalf (II Kön 20,4–11. Letztlich galt auch Jojakim, der letzte Herrscher in Juda, als der leidende Gottesknecht, da er von Nebukadnezar in die Gefangenschaft getrieben wurde (II Kön 24,10–14), später als Rebell einem Attentat zum Opfer fiel (II Kön 24,6) und zuletzt »wie ein Esel begraben wurde, fortgeschleift und hinausgeworfen vor die Tore von Jerusalem«, wie Jeremia (22,18–19) von ihm berichtet.

Die messianische Auslegung

Allen drei Gestalten gemeinsam ist ihr Königtum, ihr Schmerzenslos – und nicht zuletzt: ihre davidische Abstammung, was unüberhörbar messianische Töne anklingen läßt. Um so mehr, als der Messiastitel ja ursprünglich zu der Würde aller Könige in Israel gehörte. Denn ein Volk, das Mission und Passion, Leiden und Erzählung so oft als so eng verwandt erfahren hatte, konnte schon zu Makkabäerzeiten sagen:
»Wen Gott liebt, den läßt Er leiden. Und hat dennoch Wohlgefallen an ihm wie ein Vater am Sohn.« (Vgl. Spr 3,11 f.)

Von dieser Erkenntnis bis hin zur Verknüpfung von Leiden, Martertod und Messianität war für so manchen frommen Juden nur ein kurzer Gedankenschritt.

Fest steht, daß im Judentum der messianische Gedanke in engster Verbindung mit der Apokalyptik entstand, wobei das Element des Grauens und des Trostes innig ineinander verschlungen sind. Der jüdische Messianismus kam ja zur Welt als eine Katastrophentheologie, die Untergangsvisionen, die Geburtswehen des Erlösers und den neuen Äon des Heils als eine nahtlose Zeitenfolge erwartete.

Doch bis vor kurzem genoß die These von Gustaf Dalman (1888) allgemeine Geltung, dergemäß das Judentum bis zum dritten nachchristlichen Jahrhundert nichts von einer messianischen Deutung von Jes 53 – und mithin auch nichts von einem leidenden Messias gewußt habe. Dalman wollte durch seine Behauptung die Einzigartigkeit Jesu sicherstellen, der als erster den verlorengegangenen Ursinn von Jes 53 wiederentdeckt habe. Die Wirkung dieser These hatte jedoch das gegenteilige Ergebnis: Kannte das Frühjudentum den leidenden Messias nicht, so folgerte man, dann lag das Leiden auch außerhalb des Gesichtskreises Jesu – und dann konnten die Leidenaussagen der Evangelisten nichts anderes als die spätere »Dogmatik der Urgemeinde« sein.

Inzwischen aber ist es klargeworden, daß Dalman das Äthiopische Henoch-Buch übersehen hat, dessen Bilderreden (Kap 37–71) bezeugen, daß man schon im vorchristlichen Judentum Dan 7 und Jes 53, den Menschensohn und den Gottesknecht als endzeitliches Junktim ausgelegt hat; daß das palästinensische Judentum – ungleich dem hellenistischen – Jes 42,1 ff. und Jes 52,13 ff. seit Makkabäerzeiten messianisch gedeutet hat; und daß in frühchristlicher Zeit vor allem die Schule des Rabbi Akiba (zirka 50–130) die Messianität des Leidensknechtes betonte.

Obgleich in der späteren Mischna und in der frührabbinischen Literatur nirgendwo angedeutet wird, daß der Erlöser Heimsuchungen zu erdulden habe, darf diese Anschauung, die erst im späteren Schrifttum wieder auftaucht, als sehr alt bezeichnet werden. Aus dem Talmud (Sanh 98b) geht hervor, daß man bereits im Kreise der Jünger des Rabbis, des Redaktors der Mischna, Jes 53 auf den Messias bezog, den man, im Hinblick auf Jes 53,4, »den Siechen« oder »den Aussätzigen« nannte; ebenso wird von Rabbi Jehoschua ben Levi erzählt, er habe den Messias besucht, der vor den Toren der Stadt Rom unter hungrigen, mit Schwären belasteten Bettlern saß und seine Wunden verband. Sinnverwandt ist die Lehre des Rabbi Alexandrai, der zur selben Zeit lehrte, daß »Gott den Messias mit Geboten und Leiden belastete wie mit Mühlsteinen«. (zu Jes 11,3)

»In drei Teile sind die von Gott für Israel bestimmten Heimsuchungen geteilt worden«, so heißt es in einer Auslegung von Ps 2,7: »Einer fiel auf die Stammväter ... ein zweiter auf das Geschlecht der hadrianischen Verfolgungen, und ein dritter fällt einst dem Gesalbten König zu. Dieses ist's, was geschrieben steht: ›Aber er ist um unserer Missetaten willen verwundet; zermalmt um unserer Sünden willen.‹« (Jes 53,5)

»Demütig und reitend auf einem Esel – das ist der Messias.« So heißt es in einer uralten Deutung von Sach 9,9. »Und warum ist er demütig? Weil er alle jene Jahre im Gefängnis Qualen erlitten hat und die Frevler Israels ihn verspotteten.« (Psikta Rabbati, Abschnitt 34)

In einer Schrift aus dem mittelalterlichen Spanien schreibt Rabbi Machir: »Als Gott die Welt erschuf, streckte Er Seine Hand unter den Thron Der Herrlichkeit und holte die Seele des Messias hervor. Er sprach zu ihm: Willst du erschaffen werden und Meine Kinder nach 6000 Jahren erlösen? Da antwortete der Messias: Ja, das will ich! Darauf sagte ihm Der Herr: Dann mußt du aber Leiden erdulden, um ihre Sünden zu tilgen – wie geschrieben steht: ›Jedoch unsere Krankheiten trug er; und unsere Schmerzen nahm er auf sich.‹ (Jes 53,4) Der Messias antwortete: Ich werde sie mit Freuden ertragen.« (Avkat-Rochel)

In einer ungedruckten Schrift »Bereschit Rabbati«, die uns Rabbi Mosche-Hadarschan aus dem Narbonne des 11. Jahrhunderts hinterlassen hat, schildert Gott die dem Messias bevorstehenden Qualen in erschütternden Einzelheiten – immer mit Berufung auf Jes 53 –, worauf der letztere antwortet: »Herr der Welt, ich freue mich darüber und nehme diese Leiden willig an – unter der Bedingung, daß Du die Toten in meinen Tagen zum Leben erweckst, und zwar alle Toten, die

seit den Tagen Adams verstorben sind.« Sobald Gott zustimmte, heißt es: »Sogleich nahm der Messias alle Leiden aus Liebe auf sich, wie es heißt: ›Drangsaal traf ihn und er trug's ergeben.‹« (Jes 53,7)
Bemerkenswert ist auch eine sinnverwandte Stelle im Sohar – dem Grundbuch der Kabbalistischen Geheimlehre. Sie lautet:
»Im Garten Eden gibt es einen Raum, der die Halle der Siechen heißt. In diese begibt sich nun der Messias und ruft alle Krankheiten und Leiden Israels herbei, daß sie über ihn kämen. Und so kommen sie alle denn über ihn. Und wenn er den Kindern Israels nicht Erleichterung schaffte und ihre Sündenlast auf sich nähme, so gäbe es keinen Menschen, der die Züchtigungen Israels ertragen könnte, die ihm zur Strafe für die Mißachtung der Thora auferlegt sind. Dies ist's, was geschrieben steht: Fürwahr, unsere Krankheit hat er getragen, und unsere Schmerzen hat er gelitten.‹« (Jes 53,4) (Sohar II, Fol 212a)
Es mag eben diese Leidensgestalt gewesen sein, die später zur Tradition des Messias Ben Joseph führte, welcher als »Kriegsgesalbter« in Galiläa erwartet wurde, um von dort die Scharen, die sich um ihn sammeln, nach Jerusalem zu führen, wo er im Kampf um das Himmelreich seinen heidnischen Feinden erliegt. Ihm soll der davidische Messias folgen, der siegt und die Gottesherrschaft herbeiführt. Eine Zwei-Messias-Lehre, die uns in einer anderen Fassung auch aus den Schriftrollen der Sekte von Qumran bekannt ist.
Ob dieser sterbende Messias, der, wie Jesus, ein Sohn Josephs ist, auf den gekreuzigten Christus der Kirche zurückgeht oder ob sein historisches Vorbild im verunglückten Aufstand des vermeintlichen Messias Bar Kochba zu suchen ist, bleibt bis heute umstritten.

Unumstritten bleibt die Annahme, daß schon die vorchristliche Tradition den großen Dulder messianisiert hat, um in seinen freiwilligen Qualen die Vorstufe zur Erlösung zu erahnen. Denn all diese und so manche ähnliche Stellen in der rabbinischen Literatur scheinen auf eine uralte Überlieferung zurückzugreifen, zu deren frühesten Spuren der sogenannte Targum Pseudo-Jonathan gehört, der auf aramäisch den Gottesknecht sowohl in Jes 53 – als auch in Jes 42,1 ausdrücklich »den Messias« nennt. Dieselbe Stelle, die in Mt 12,18 als messianischer Beweistext auf Jesus gedeutet wird.
Wie dieser aramäische Text, den Paulus sicherlich aus Jerusa-

lem kannte, auch in die neutestamentliche Heilslehre aufgenommen wurde, soll ein Beispiel beleuchten, das keineswegs alleine steht.
In Jesu Muttersprache kann die freie aramäische Fassung von Jes 53,5 mit »er wurde für unsere Sünden überliefert« wiedergegeben werden – was genau der Aussage von Röm 4,25 entspricht: »Er ist um unserer Sünden willen übergeben worden.« Sie kann aber auch bedeuten: »Er übergab sich um unserer Sünden willen« – was wiederum der Schlüsselstelle in Gal 1,4 gerecht wird. Ja, es scheint auch glaubwürdig, daß das älteste Bekenntnis der Urgemeinde in Jerusalem sich eben dieser Stelle verdankt: »Christus ist für unsere Sünden gestorben nach der Schrift« (I Kor 15,3) – was ebenso für I Petr 3,18 gelten könnte, wo es heißt: »Ist doch auch Christus einmal um eurer Sünden willen gestorben – ein Gerechter für Ungerechte«, eine Aussage, die auch I Jo 2,2 steht: »Und er ist die Sühnung für unsere Sünden.«
Zu Gal 1,4, wo es heißt: »Christus hat sich selbst für unsere Sünden dahingegeben«, ist noch hinzuzufügen, daß um die Zeitenwende Jes 53 häufig im Zusammenhang mit Gen 22 ausgelegt wurde; wobei man hervorzuheben pflegte, daß Isaak bereit war, sich opfern zu lassen – ein selbstloser Gehorsam, der den Stammvater Israels schon im vorchristlichen Jubiläenbuch – um 105 vor der Zeitrechnung – zum Vorbild aller Blutzeugen gemacht hat.
Nicht weniger bedeutsam ist es, daß im selben Buch die Fastopferung Isaaks auf den 15. Tag des Monats Nisan datiert und auf den Tempelberg geortet wurde – womit diese Glaubensprüfung zum Passahurereignis vorausgedeutet wird, eine Interpretation, die durch den blutigen Vollzug der Aufopferung (im aramäischen Targum) noch bestärkt wird. So ist im Targum (Neophiti zu Gen 22) von Isaak als dem Lamm die Rede, das Gott Sich erkoren hat – als Brandopfer zur Entsühnung Israels. Wenn später von der Asche Isaaks und gleich darauf vom vergossenen Blut des Gottesknechtes die Rede ist, wird verständlich, daß beide als Prototypen der »passio judaica«

ausgelegt wurden, deren heldenhafte Selbsthingabe Gott zur Sündenvergebung für ganz Israel bewegen konnte.
Hinzuzufügen ist noch, daß beiden Opfertaten erlösende Sühnekraft zuerkannt wurde, die in der Rückschau als ehemals wirksam erkannt wurde und deren Wirkung als gegenwärtige Gnade erfleht und als zukünftige Fürsprache vor Gott beim Jüngsten Gericht erhofft wurde – dieselbe zeitliche Dreidimensionalität, die dem jüdischen Passahopfer und später auch der Eucharistie zugeschrieben worden sind. Ein gerechter Gottesmann, ein makelloses Lamm und ein selbstloses Entsühnungsopfer – so mußte Jesus in der Rückschau nach dem Ostererlebnis für seine Jüngerschar erscheinen – wobei der einzige Bibeltext, der allen drei Vorstellungen gerecht werden kann, nur in Jes 53 zu finden ist. Kein Wunder also, daß alle Dahingabestellen mit dem Ausdruck »für unsere Sünden« in den vier Evangelien, daß die Sühnepassagen, die Abendmahlworte und die 28 Lammerwähnungen in der Offenbarung des Johannes samt und sonders wie eine Blütenlese von Stichwortgruppen aus den prophetischen Liedern vom leidenden Gottesknecht klingen.
Ob Jesus selbst sich als der leidende Gottesknecht verstanden und in diesem Sinne seine Leiden vorausgesagt habe, ist heute wohl kaum noch zu erhellen. Sicher ist, daß eine grundlegende Analogie der beiden Leidenswege nicht zu leugnen ist und daß auf keinen anderen Text aus der hebräischen Bibel im Neuen Testament so oft und so nachdrücklich angespielt wird, um die Heilsbedeutung der Passion Jesu biblisch zu belegen.
In den Evangelien und den Paulusbriefen wird die Mehrzahl der 15 Verse des 4. Hymnus Jesajas entweder zitiert oder paraphrasiert – wobei es sich teilweise um den hebräischen Urtext, um die griechische Übersetzung der Septuaginta oder um eine der drei hauptsächlichen aramäischen Versionen handelt.
So z. B. zitiert der Evangelist Johannes (12,38) den Anfangsvers wortwörtlich: »Wer hat unserer Botschaft geglaubt, und wem wurde der Arm Des Herrn offenbart?« (Jes 53,1), während Paulus die erste Vershälfte ebenso wörtlich bringt (Röm

10,16). Jes 53,3 hallt wider in Mk 9,12 und in Mt 27,30–31. Jes 53,4 wird in Mt 8,17 wörtlich als »Erfüllungszitat« gebracht, während Jes 53,5 gedanklich in I Petr 2,24 aufgenommen wurde.
Der nächste Jesajavers (53,6) kommt im hierauf folgenden Vers des I. Petrusbriefes (2,25) zum Ausdruck, dient aber auch als Vorzeichen der Stellvertretung (»Der Herr lud auf ihn die Schuld von uns allen«) in allen Versionen der Barabbasperikope; Der eine, der vom Mord und Aufruhr kommt, geht in die Freiheit, während der Gerechte, an seiner Statt, dem Tode überliefert wird. Jes 53,7 ist der Hintergrund für Mk 14,65 und wird in Apg 8,32–33 wörtlich zitiert. Jes 53,8 ist das Leitmotiv von Mt 27,11–28 und Lk 23,1–25. Jes 53,9 klingt in seiner Gänze, oder in Teilen, in Mt 27,28; Mt 27,57–60; I Petr 2,22 und in I Joh 3,5 an.
Jes 53,10 hat seine Analogie in Mt 20,28; ebenso wie Jes 53,11 inhaltlich in Joh 1,29; Röm 3,25; Röm 5,15–18 und in I Kor 1,30 wiederzufinden ist. Jes 53,12 entspricht nicht nur der Kreuzigung nach Mt 27,38; Mk 14,24; Mk 15,28 und Lk 23,33–34, sondern wird auch als Jesuswort in Lk 22,37 berichtet: »Er wird den Übeltätern gleichgerechnet.«
Mehr noch: Der Semitismus »die vielen« aus dem Abschluß von Jes 53 – »er hat die Sünde der vielen getragen« – im inklusiven Sinne von »Gesamtheit« bezeichnet auch den Wirkungsbereich des Kelchwortes Jesu beim letzten Abendmahl (Mk 14,24; Mt 26,28). Nicht zuletzt finden wir Schlüsselwortgruppen aus Jes 53,12 in Lk 11,21–22; Mk 10,45; Phil 2,7–8; Hebr 9,28 und Röm 8,34.
Ausschlaggebend für das Alter des Gedankens der stellvertretenden Sühneleiden, der ja Jes 53 zugrunde liegt, ist wohl I Kor 15,3, wo Paulus die Botschaft von der Auferstehung als bereits altbekannte Tradition übermittelt, die Jesu Tod als Sühneopfer »für unsere Sünden« mit den Worten von Jes 53,5 wiedergibt.
Fügt man all diesen Passagen die Anspielungen, Einzelworte, Paraphrasen und Satzteile hinzu, die in die Passionsberichte

hineingewoben worden sind, so finden wir, daß der Leitgedanke aus Jes 53 so gut wie allen Autoren des NT zum biblischen Verständnis der Passion Jesu verholfen hat: Nicht Menschen, sondern Gott Selbst ist Der letztgültig Handelnde, so daß Jesu Bejahung seiner Kreuzigung einer Annahme des Göttlichen Ratschlusses gleichkommt, die Sühne für andere und Erhöhung (Jes 52,13) für ihn selbst erwirkt.
Da aber das griechische Wort »pais«, mit dem die Septuaginta das hebräische »äwäd« (Knecht) übersetzt, auf griechisch sowohl »Knecht« als auch »Sohn« bezeichnen kann, besteht eine sprachliche Brücke zwischen dem »gehorsamen Knecht« (Phil 2,7–8) und dem »geliebten Sohn« (Mk 1,9).
So könnte hinter den Worten des Hohepriesters: »Bist du Christus, der Sohn Des Hochgelobten?« (Mk 14,61) die Frage nach dem erwählten »Gottesknecht« stecken, was den Sinn der Fragestellung in ihrem jüdischen Sitz im Leben viel plausibler macht.
Fest steht, daß die älteste Überlieferungsschicht wiederholt von Jesus als »dem Knecht Gottes« (Apg 3,13), »Seinem (Gottes) Knecht« (Apg 3,26) und »Dein heiliger Knecht« (Apg 4,27 und 4,30) spricht.
Wie zentral die Vorstellung vom leidenden Gottesknecht für die früheste Christologie war, bestätigt auch das Ende der Perikope vom Äthiopier in der Apostelgeschichte, wo es nach einem wörtlichen Zitat aus Jes 53,7–8 und der Frage, von wem der Prophet wohl spreche, heißt:
»Da öffnete Philippus seinen Mund und verkündete ihm die frohe Botschaft von Jesus, wobei er von dieser Schriftstelle ausging.« (Apg 8,35)
Für einen Juden ist es nicht schwer, sich in die Lage jener Jüngerschar zu versetzen, die sich nach Golgotha und unsäglicher Verzweiflung zu einer trostspendenden Deutung des leidenden Gottesknechtes durchzuringen vermochte. Und so gelang es ihnen, ihr eigenes Jesuserlebnis prophetisch zu durchleuchten, so daß nun der Opfertod des Meisters, die Entsühnung Israels und die so sehnlich erhoffte Erlösung zu einer gewaltigen

Gotteserfahrung zusammenschmolz. Eine Gotteserfahrung, die ihnen dazu verhalf, den Tod als Übergang, das Kreuz als Prüfstein und die Auferstehung als Angeld auf das ewige Leben auszulegen.

Der Gottesknecht leidet nicht!

Neben der autobiographischen, der prophetischen, der historischen und der christologischen Deutung gibt es aber noch eine fünfte Interpretation, die bereits in einer altaramäischer Fassung verwurzelt ist. Dort wird der Gottesknecht zwar eindeutig als Messias dargestellt, der Israel von der Fremdherrschaft befreit und für Israel betet, um die Vergebung seiner Sünden zu erwirken; er selbst aber leidet nicht. Mehr noch: Alle Leidensaussagen werden konsequent mit Hilfe einer gewaltsamen Paraphrase dem Messias abgesprochen und auf das Volk Israel umgedeutet. Diese systematische Beseitigung aller Messiasleiden – im offenkundigen Widerspruch zum hebräischen Urtext – hat nur eine einleuchtende Erklärung: Es geschah aus polemischen Gründen, angesichts der Christologen der Frühkirche, die Jes 53 zu ihrem entscheidenden Schriftbeweis machte, um Jesu Sühnetod alttestamentlich zu untermauern. In Fortlauf dieses Kampfes um die Schrift kam es letztlich zur Entfernung von Jes 53 aus dem Zyklus der synagogalen Lesungen, obzwar gerade dieses Kapitel bis weit ins 2. Jahrhundert hinein zu den beliebtesten Prophetenperikopen gehört hatte.

Vom 3. Jahrhundert an hören wir nur von Israel als Volksganzem, dessen trauriges Schicksal in der christlichen Diaspora immer mehr an die Peinigungen des Gottesknechtes erinnerte.

Bemerkenswert ist hier die Interpretation Raschis, des größten Exegeten des jüdischen Mittelalters: Vom Beginn des Schriftabschnittes »Siehe, Meinem Knecht wird es gelingen« (Jes 52,13) bis zum Schlußvers des 53. Kapitel ist hier das gesamte

Gottesvolk gemeint, dessen Leiden prädestiniert sind, zum »Erfolg« zu führen – womit die Erlösung der ganzen Menschheit angedeutet wird. Denn keine der »Leuchten Israels« konnte sich je eine Erlösung vorstellen, die nur auf Israel allein beschränkt bleiben sollte.

Da aber das konkrete Israel sündhaft ist, während Jesajas Knecht als schuldlos und sündenfrei geschildert wird, spaltet sich diese kollektive Deutung in drei Varianten, von denen eine ein künftiges Ideal-Israel, eine zweite den heiligen Rest als die moralische Elite Israels und die letzte Ganz-Israel als kollektive Heilsgröße und unzertrennliche Schicksalsgemeinschaft anerkannte: das gesamte Gottesvolk, das als leidender Gottesknecht durch seine unverdienten Drangsale die sündige Menschheit vor Gott entsühnt.

In diesem Sinn verbindet zum Beispiel Rabbi Samson Raphael Hirsch, der Gründer der Neo-orthodoxie im Frankfurt des 19. Jahrhunderts, Israels Passion mit seiner Mission unter den Völkern, zu deren Dienst Israel berufen wurde. Israels Exilgeschichte manifestiert nicht nur die Lehre der Gewaltlosigkeit und die Absurdität jeglicher Machtentfaltung – so meint Rabbi Hirsch –, sein Leidensschicksal ist auch Zeugnis einer Offenbarung, welche die Völker zur Huldigung Gottes führen wird. So bedeutet das 53. Kapitel Jes nach Hirsch ein Bekenntnis der Völker zum Leidensgeschick Israels und das Eingeständnis ihrer eigenen Schuld, das zur Sinngebung des Leides fortschreitet, es als ein Mittel zum eigenen Heil erfaßt und die Erlösung der Menschheit durch die Gemeinschaft mit Israel erstrebt.

Soweit der geraffte Überblick über die Palette jüdischer Deutungen von Jesaja 53.

Allen fünf Deutungen gemeinsam ist der urjüdische Gedanke der stellvertretenden Sühneleiden, der in allen Katastrophen Israels, von den zwei Tempelzerstörungen über die Kreuzzugsgemetzel bis in die Gaskammern von Auschwitz die einzig taugliche Antwort auf das ewige Rätsel der Theodizee zu sein scheint. Denn nur in einer Universalisierung dieser Leiden,

die die Unschuldigen für die Sünder auf sich nehmen, kann man dem Leid auf Erden einen theologischen Sinn abgewinnen.
Im Selbstverständnis der Kirche enthüllen die Lieder vom Gottesknecht das Antlitz des Schmerzensmannes unter der Dornenkrone. Im Selbstverständnis Israels zeigen diese Lieder das durch Leiden geadelte Volk, das immer wieder »verachtet und verlassen ... wie ein Lamm zur Schlachtbank geführt wird« – unter den Griechen des Antiochus Epiphanes, unter den Legionen des Kaisers Titus, in den Pogromen des Mittelalters und im Massengolgotha unserer Tage, wie der Papst unlängst den Völkermord von Auschwitz nannte.
»Wer Jesus Christus begegnet, begegnet dem Judentum.« So lautet der vielsagende Anfangssatz der jüngsten Erklärung der deutschen Bischöfe zum »Verhältnis der Kirche zum Judentum«. (28. April 1980) Worte, die sich auch der Papst zueigen machte, als er in Mainz am 17. November 1980 eine jüdische Delegation ansprach.
Daß diese Verbundenheit nicht nur die Abstammung und die irdische Volkszugehörigkeit des Nazareners betrifft, sondern sich auch auf die Passion erstreckt, hat der jüdische Maler Marc Chagall in 31 seiner Kreuzigungen festgehalten und verewigt.
Der da am Holze hängt, mit dem jüdischen Gebetsmantel als Lendenschurz, neben einer entweihten Thorarolle, umgeben von einer Schar seiner gequälten und geschundenen jüdischen Leidensgefährten, ist Jesus von Nazareth – als die Inkarnation von ganz Israel.
Es bedurfte eines jüdischen Dichters, der selbst die Leiden seines Volkes mitzutragen hatte, um ihnen den letzten Sinn zu geben. In seinem Drama »Jakobs Traum« läßt Richard Beer Hoffmann den Stammvater Jakob in der Stunde der Erwählung vom Hiobschicksal seiner Nachfahren sagen:
»Herr! Was Dein Wille mir auch auferlege,
wie Krone will ich's tragen – nicht wie Joch!«
Worauf die Stimme des Weltenherrn die künftigen Leiden Is-

raels als Liebesdienst an der Völkerwelt begründet, um mit den Worten zu schließen:

»Ich will ja nur, Mein Sohn, Mich dir so tief verschulden
daß Ich – zur Sühne – dich erhören vor allen darf.«

Sind das nicht Worte, die auch auf Jesus angewandt worden sind?

Letzten Endes schließen sich die beiden hauptsächlichen Deutungen – die christologische und die kollektive – keineswegs aus: Weder aus der Immanenz des Textes noch aus der Existenz der Deutenden. Über alle Barrieren der Geschichte hinweg bleibt Jesaja 53 die zeitlose Antwort auf die Urfrage aller gläubigen Menschen: Warum leidet der Gerechte? Und der Prophet verkündet: Nicht *warum* er leidet, sollt ihr fragen, sondern *wozu* er dulden muß. Darauf aber lautet die inspirierte Antwort des Jesaja: Sein Leiden ist nicht sinnlos, noch sein Tod das Ende – auch wenn es euer Menschensinn nicht zu erfassen vermag.

Es ist diese Glaubenswahrheit, die alle Deutungen vom großen Dulder zu versöhnen vermag, denn was hier offenbart wird, gilt sowohl für den Mann aus Nazareth als auch für sein Volk, die beide in der Bibel wiederholt als »Söhne Gottes« und als »Gottesknechte« bezeichnet werden.

Das Skandalon der Kirchen ist es,
daß das Christentum die einzige
Weltreligion ist,
deren Heiland zeitlebens einer anderen
Religion angehört hat –
dem Judentum.

Gefährdet Qumran das Christentum?

Jesus und Paulus am Toten Meer

Wer sind die Helden des »Rollen-Dramas« von *Qumran* am Toten Meer? Vor allem eine verirrte Ziege, ein armer Beduinen-Hirte, ein schlitzohriger syrischer Metropolit, gerissene orientalische Mittelsmänner, geriebene New Yorker Antiquitäten-Händler und nicht zuletzt alte Gelehrte, die noch ältere Schriftrollen entschlüsseln – oder deren Inhalt um jeden Preis verheimlichen wollten. Eine solche Aufregung konnten sich die paar Juden, die zwischen 180 vor und 68 nach unserer Zeitrechnung von Jerusalem nach Qumran flohen und dort ihre Schriftrollen hinterließen, in ihren kühnsten Träumen wohl kaum vorstellen. Ihre heilige Ruhe wollten sie dort haben, um dem Heil intensiv nachpirschen zu können. Diese Rechnung haben sie aber ohne den Wirt gemacht – nämlich ohne den Drang der heutigen Wissenschaft und der Presse: »Publiziere oder krepiere!« Herkömmliche und modernste Mittel, von der Lupe bis zu radioaktiven Datierungsmethoden wurden und werden eingesetzt, um qumranische Gepflogenheiten und Kontroversen, Visionen und Alpträume auf der »theologischen Couch« zu analysieren. Das Interesse erstreckt sich bis auf damalige Familienstrukturen und eventuelle sexuelle Abstinenz.

Zwischen den Jahren 1947 und 1956 wurden in der Wüste Juda und in Felsenhöhlen über dem Toten Meer – circa 55 Kilometer von Jerusalem entfernt – mehrere tausend Schriftstücke gefunden oder ausgegraben. Zumeist sind sie Hebräisch geschrieben, mit aramäischen und griechischen Ausnahmen, von zentimeter-großen Fragmenten und Fetzen bis zu intakten Rollen, deren längste sich auf etwa 15 Meter erstreckt. Das Material besteht im wesentlichen aus Lederbögen, die sich aus aneinandergenähten Fellen zusammensetzen. Aufregende Ausnahmen bilden zwei »Kupferrollen« und etliche Papyrus-Rollen.

Lassen Sie uns nun die zwei Grundfragen erörtern: Was geschah im »Rollendrama« ab 1947, und was ereignete sich 2100 Jahre zuvor? Anno 1947 stieß ein Beduine, auf der Suche nach einer entlaufenen Ziege, in einer einsamen Felsenhöhle unweit von Jericho auf antike Tonkrüge, in denen sich gut erhaltene Schriftrollen befanden. Er erfaßte die Wucht seiner Entdeckung keineswegs – wohl aber taten es seine »Oberen«. Die Antiquitätenhändler von Bethlehem und Jerusalem sowie der syrische Metropolit standen ihnen nicht nach. Von nun an riß jeder an sich, was die Erde von sich gab. Einer der Beduinenstämme beanspruchte sogar exklusive Ausgrabungsrechte für die halbe Wüste. Ganze Felsblöcke wurden abgetragen, ja, auch Fälscher begannen sich an der enthüllungsträchtigen Lage zu laben.

Wer waren die interessierten Käufer, deren Wettstreit die Preise alsbald in unermeßliche Höhen trieb? Im wesentlichen waren es:

1. Christliche Geistliche verschiedener Konfessionen, die mit Zittern und Zagen ketzerische Enthüllungen über die Entstehungsgeschichte des Urchristentums befürchteten – und um die Wahrung der Einmaligkeit und Konkurrenzlosigkeit Jesu von Nazareth und seiner Botschaft bemüht waren.
2. Israelische Forscher und Institutionen, die in den Menschen von Qumran, deren Schriftrollen und erst recht deren Aussagen einen willkommenen Beweis für die intensive Bindung der Vorfahren an das Heilige Land sahen. Qumran lieferte auch den langersehnten Nachweis für die Echtheit der überlieferten masoretischen Bibeltexte. Sie läßt sich u. a. am Paradebeispiel der best-erhaltenen kompletten Jesaja-Rolle aus dem zweiten nachchristlichen Jahrhundert ablesen. Das gesamte Alte Testament – mit der einzigen Ausnahme des Buches Esther – wurde seither in den Höhlen von Qumram entdeckt. Diese Lücke erweckt Neugier und bietet Grund für mannigfache Spekulationen: War dieses Buch für die »Ultra-Orthodoxen« von Qumran zweitrangig, da der Name Gottes darin nicht vorkommt? Darauf gäbe es Antworten! Oder war die ferne Diaspora von Persien außerhalb ihres Heils-Radius??

3. Der dritte Käuferkreis waren arabische Händler, die angesichts der internationalen Nachfrage ein blühendes Rollen-Geschäft witterten.

Da Qumran anno 1947 noch zum damaligen Britischen Mandatsgebiet von Palästina gehörte, sollten nach dem Landesgesetz alle archäologischen Funde schlicht und einfach dem Rockefeller-Museum in Jerusalem abgeliefert werden. Ein naiver, weltfremder Traum unter orientalischen Umständen! Am 14. Mai 1948 endete, wie bekannt, das britische Mandat über Palästina, und am selben Tag wurde der Staat Israel ausgerufen. Das bisherige Emirat von Transjordanien beförderte sich dann selbst zum Königreich Jordanien, besetzte die »Westbank« und auch das Gebiet von Qumran. Diese Regierung »erbte« das Interesse an den Rollen und deren Besitz. Anno 1967 verlor Jordanien seinen Angriffskrieg gegen Israel, und somit kamen Qumran und auch das Rockefeller-Museum (welches die Regierung von Jordanien kurz zuvor verstaatlicht hatte) an Israel. Dieses hat daher die dortigen Schriftrollen geerbt – aber längst nicht mehr alle vorgefunden. Auch die jüdischen Archäologen von Jerusalem waren längst vom Qumran-Fieber infiziert.

Als Folge dieses spannenden internationalen Dramas befinden sich heute Rollen und Schriftstücke in folgendem Besitz: In Jerusalems »Israel-Museum«, in seinem »Schrein des Buches« sind acht guterhaltene, umfangreiche Schriftrollen und zahlreiche kleinere Schriftfragmente aufbewahrt und der Öffentlichkeit zugänglich. Sie wurden unter abenteuerlichen Umständen und für teures Geld schon ab 1947/48 erworben. Die Helden dieses Unterfangens waren Prof. Yigael Yadin und sein nicht weniger berühmter Vater, Prof. Eleasar Sukenik von der Hebräischen Universität in Jerusalem. Alle diese Rollen sind wissenschaftlich ediert und veröffentlicht worden. Dieser Teil des Museums gilt quasi als der »historische Augapfel« Israels. Kein anderes Ausstellungsobjekt genießt eine solch intensive Betreuung an Räumlichkeit, an Feuchtigkeits- und Lichtverhältnissen; ja, sogar Unterstände für Kriegszeiten stehen den kostbaren Rollen zur Verfügung. Während der irakischen Scud-Angriffe zu Anfang des Jahres 1991 wurden sie sofort tief in die Erde versenkt – wo sie sich vermutlich am heimischsten gefühlt haben dürften.

Viele Hunderte von Rollen verschiedenster Größen wurden ab 1947 im Rockefeller-Museum in Ost-Jerusalem durch Père De Vaux, dem damaligen Direktor der Dominikanischen École Biblique, zwecks Edierung und Veröffentlichung betreut. Hier behaupten nun die beiden Co-Autoren Baigent und Leigh – und andere auch –, daß De Vaux einen Klüngel von Wissenschaftlern ernannt habe, welche die Rollen dann an sich rissen, um sie der Öffentlichkeit vorzuenthalten. Wahr ist auf jeden Fall, daß heute international großer Ärger über die jahrzehntelange Verzögerungstaktik herrscht – was immer auch ihre Motivation sein möge. Die Spuren so mancher Rollen verlaufen leider im orientalischen Sand. Gelegentlich tauchen aus dem Nirgendwo, aus Kellern oder aus Schließfächern Fragmente auf, die dann für Unsummen von Dollars international gehandelt werden.

Nun stellt sich die Frage: Was hätten gegebenenfalls der inzwischen verstorbene Père De Vaux, seine eventuellen Hintermänner und später seine Nachfolger eigentlich verbergen wollen? Vielleicht: Daß, o Schreck, schon die vorchristliche Gemeinde von Qumran ihren Messias für den jüdischen »Sohn Gottes« gehalten hat? Und daß es am Toten Meer, vor Jesus und zu seiner Zeit, Juden gab, die ein sakrales, gemeinschaftliches »Abendmahl« all-abendlich zu feiern pflegten? Teile des »Vaterunser«-Gebets wurden dort längst vor Jesus im Rahmen einer Gemeinde gebetet, die sich als »Der Neue Bund« verstanden hat und die ein Zwölfer-Gremium als Leit-Organ hatte.

Weitere Ecksteine des christlichen Heilsvokabulars, wie zum Beispiel »die bessere Gerechtigkeit«, »der Heilige Geist«, die ersten drei Seligpreisungen der Bergpredigt, der »Mebakker« als Vorläufer eines Bischofs, der »Versucher« als Anti-Messias, Dämonenaustreibung und Wunderheilung – all diese waren den Juden von Qumran längst vertraut. Diese Liste von sakralen Begriffen und Gebräuchen läßt sich unschwer verlängern und könnte angeblich die Originalität und Ursprünglichkeit des Nazareners und seiner Lehre in Frage stellen – wie häufig behauptet wird. Diese mutmaßliche Angst also von De Vaux, seinen Kollegen und Nachfolgern soll der Grund für die Verschleppungstaktik in der Veröffentlichung vieler Rollentexte gewesen sein?

Gegen eine solche selbstauferlegte Glaubensverteidigung – wenn es sie denn gäbe – dürfte nicht einmal der israelische »Mossad«, d. h. der Geheimdienst ankommen, sollte man ihn je auf die Rollenspur gesetzt haben. Außerdem dürfte der ohnedies mit Sorgen beladene Staat Israel Konfrontationen mit vatikanischen Behörden und der internationalen akademischen Welt scheuen. Jene Kreise in der Christenheit jedoch, die die alleinige, komplette Wahrheit gepachtet zu haben wähnen, werden sich von ein paar Schriftrollen aus der Wüste ohnehin nicht aus der Ruhe bringen lassen. Was die Höhlen von Qumran allerdings noch verbergen mögen und eventuell eines Tages freigeben werden, könnte so manche althergebrachten, liebgewonnenen christlichen Absolutheitsansprüche erheblich ins Wanken bringen. Allen Unken- und Kassandrarufen zum Trotz besteht jedoch kein Grund zur Befürchtung, daß die Kirche – die schon so manchen Sturm überlebt hat – an den Rollen von Qumran zugrunde gehen würde. An der bedauerlichen Verzögerung der Rollen-Veröffentlichung trifft den Vatikan und die katholische Kirche keine Schuld.

Das wahre Skandalon der Kirchen war und bleibt die Tatsache, daß das Christentum die einzige Weltreligion ist, deren Heiland zeitlebens einer anderen Religion angehört hat – dem Judentum. In *Jesu* Namen wurde später die Kirche gegründet – aber eben nicht durch ihn. Die Weg-Entwicklung der Tochter von ihrer Mutter sei dem Christentum unbenommen, aber zweifelsohne wären dem Rabbi von Nazareth Heilsbegriffe wie etwa Trinität, die Zwei-Naturen-Lehre, die griechische Gottes-Sohnschaft und die Zwei-Reiche-Lehre unergründliche Rätsel geblieben. Eines steht fest: Ohne Judentum ist das Christentum nicht denkbar. Aber ohne Qumran, seine Gruppen und deren Schriftrollen hätte die kirchliche Entwicklung ihren Lauf durchaus auch nehmen können.

Aber was geschah in Qumran von 180 vor bis im Jahr 68 nach unserer Zeitrechnung? Hier muß vorerst festgestellt werden, daß die Namen »Qumran« und »Essener« in keiner der Schriftrollen vorkommen. Wie merkwürdig! Diese Rätsel gilt es zu lösen: Was »Qumran« betrifft, nehme ich an, daß es sich um eine arabische Verballhornung eines uralten biblischen Ortsnamens handelt. Solche Fälle gibt es in Israel heute zuhauf. Als Beispiel diene das gegenwärtige Silwan, welches auf das biblische Schiloach zurückgeht. Bei »Qumran« kann man analog dazu annehmen, daß der ursprüngliche Ort das biblische *Gomorrha* war, das uns im Buche Genesis in der Tat als in großer geographischer Nähe zum heutigen Qumran geschildert wird. Zum Begriff »Essener« ist die plausibelste Annahme wiederum eine Verstümmelung des Hebräischen: »Ossé« (Ha-Torah) – welches als Bezeichnung der Leute von Qumran überliefert wird. Dieses »Ossé« wurde verstümmelt zu »Ossenes« und später zu »Essener«. Der frühchristliche Autor Epiphanios von Salamis wußte von ihnen. Dem Historiker Josephus Flavius sind sie ebenfalls bekannt.

Hier fällt auf, daß das Zeitwort »Tun« im Sinne der Erfüllung der Torah-Gebote das häufigste Verbum im Sprachschatz des synoptischen Jesus ist. Auch Paulus bevorzugt in diesem Sinne, was das Judentum betrifft, »die Täter der Torah«, womit er die Getreuen der Torah-Ethik meinte. Die Männer von Qumran bezeichneten sich selbst jedoch nicht als Ossenes und schon gar nicht als Essener, sondern als »Juda« oder als »Haus Juda«, aber auch als »Die Verbannten der Steppe«. Diese heißt »Araba« auf Hebräisch – worauf ich noch zu sprechen kommen werde.

Daß Jesus von Nazareth auch in Qumran weilte, können wir aus einigen seiner Gleichnisse und Äußerungen entnehmen. Zeit genug hatte er ja dazu während seiner sogenannten »verborgenen Jahre«, nämlich von seinem 13. Lebensjahr, nach seiner »Bar-Mitzwah«-Feier in Jerusalem, bis zu seinem Auftreten in der Öffentlichkeit in seinem 30. Lebensjahr. Symptomatisch für seine Vertrautheit mit Essenern – von denen es damals übrigens in mehreren Orten Judäas Anhänger und Sympathisanten gab – ist folgende neutestamentliche Begebenheit: In Vorbereitung des gemeinsamen Pessach-Festes schickt Jesus zwei seiner Jünger zu einem Mann in Jerusalem, »der einen Wasserkrug« trägt, welcher ihnen ein »Obergemach« für das bevorstehende Pessachmahl besorgen würde. Dieser Mann muß ein Essener gewesen sein! Wieso? Im Orient trugen und tragen bekanntlich nur die Frauen die Wasserkrüge (was auch zu ihrer schönen Körperhaltung beiträgt). Wenn »der Mann« als sein eigener Wasser-Holer stadtbekannt war, muß er ein unverheirateter Essener gewesen sein!! Denn zölibatäre Mönche gab es im normativen Judentum nie, und ledige Männer lebten damals nicht als »Singles«, sondern im Rahmen ihrer Sippe. (Mk 14,13–16) Das Neue Testament stellt uns zwischen den Zeilen noch weitere Essener im engeren Umfeld Jesu vor, wobei er selbst jedoch kein Sektenmitglied war. Obwohl Jesus nicht Thema dieses Buches ist, sei darauf hingewiesen, daß er eklektisch etliche Qumran-Lehren annahm, andere wiederum ausdrücklich abwies.

Zurück zu unserer Frage: Wer ging eigentlich vor 2100 Jahren nach Qumran? Vor allem fromme Juden aus Jerusalem, die die herrschende Tempelverwaltung (einiger Dutzend Priester-Familien insgesamt) als nicht Torah-konform erachteten. Nicht aus Ablehnung des Kultes also, sondern aus Enttäuschung über die amtierende »Kuria« verließen sie die Heilige Stadt. (Vielleicht verbirgt sich hier eine Gesinnungsverwandtschaft mit Jesu »Reinigung des Tempel-Vorhofes«, von der die Evangelien berichten?) In der Wüste, dem klassischen biblischen Verheißungsort, wollten die qumranischen Aussiedler das Kommen des Messias und die Läuterung Jerusalems erwarten. Zu Leuten dieser Motivation gesellten sich während der brutalen Römerherrschaft in Jerusalem häufig auch flüchtende Zeloten und Widerstandskämpfer gegen das Heidenjoch. Die meisten von ihnen waren prinzipiell unbeweibt. Interessanterweise fand man jedoch in Qumran auch einige weibliche Skelette, die noch immer Anlaß zu reizvollen Spekulationen bieten.

Bei unserem Bruder Paulus, dem Rabbi Schaul von Tarsus, fällt die geistige Nähe mit Leuten von Qumran besonders auf. Vor allem vier Richtigstellungen des gängigen Paulus-Bildes sind – seit der Entdeckung der Rollen von Qumran – dringend geboten:

a) Paulus ging auf seiner weltberühmten Reise nicht nach Damaskus in Syrien

Wie hätten Rabbinen in Jerusalem es wagen können, ihn in eine andere, eigenständige römische Provinz zu senden (die von einem anderen römischen Statthalter regiert wurde), mit dem angeblichen Auftrag, dort Menschen zu verfolgen und gefangen zu nehmen? Unter römischen Herrschaftsstrukturen war dies ein Ding der Unmöglichkeit! Man höre und staune: Nicht nach Syrien ging Paulus, sondern nach *Qumran*! (Dieser Ort, unweit vom Toten Meer, lag innerhalb der Jurisdiktion von Jerusalem und war unter dem Code-Namen Damaskus in apokalyptischen Kreisen bekannt.) So manche jüdische Quelle liefert Beweise für diese Annahme. So wird z. B. vom Propheten Elia, der als dereinstiger Wegbereiter des Messias gilt, berichtet, daß er in zeichenhafter Vorwegnahme der Endzeit einen Ort namens »Damaskus in der Wüste« (1. Kön 19,15 f.) aufgesucht habe. Dies läßt uns aufhorchen angesichts der Tatsache, daß Syriens Hauptstadt alles andere als Wüste, vielmehr ein blühender Garten war und ist. Einen weiteren Hinweis auf die Identität von diesem »Damaskus« mit Qumran finden wir bereits in der sogenannten »Damaskus-Schrift«, die nicht nur in Qumran, sondern auch in einer identischen Fassung schon 1896 in der »Geniza« von Fustat in Alt-Kairo gefunden wurde. Dort wird uns erzählt, daß ein »Lehrer der Gerechtigkeit«, wie einst Moses, die Glaubensbrüder »nach Damaskus in der Wüste« führen würde, um dort einen »Neuen Bund mit Gott« zu schließen.

Dieser »Neue Bund« ist ein weiteres Bindeglied zwischen dem Propheten Jeremia (Kapitel 31), der Damaskus-Schrift, und der »Gemeinderegel« von Qumram – aber auch dem Neuen Testament.

b) Paulus erlebte keine »Bekehrung» auf dem Wege nach Damaskus

Der griechische Originaltext im Neuen Testament erzählt uns vielmehr ganz eindeutig von einer Berufungsvision, und zwar zum Apostolat für Jesus, seinen jüdischen Messias. Von wo und wohin hätte er sich denn bekehren sollen? Das Christentum als solches entstand bekanntlich erst viele Jahre nach Paulus' Tod.

c) Paulus ging nicht nach »Arabien«

Nein! Mit an Sicherheit grenzender Wahrscheinlichkeit ging er in die *Araba*, was er zu »Arabia« gräzisierte (derartige sprachliche Adaptionen finden wir des öfteren in seinen Briefen). »Araba« ist bis heute der Name der Steppe westlich vom Toten Meer, wo auch Qumran liegt. Diese Araba war seit den Zeiten des Propheten Jesaja (8. Jahrhundert vor unserer Zeitrechnung) als heilsträchtiger Ort bekannt. Paulus berichtet in seinem Brief an die Galater weiterhin, daß er von besagtem »Arabien« aus dann »wiederum nach Damaskus« ging, wegen der geographischen Nähe der beiden Orte – was nochmals auf die Identität von »Damaskus« und Qumran hinweist. (Siehe auch S. 118ff. »Damaskus in der Wüste?« und »Arabien am Toten Meer?«)

d) Paulus wollte kein Christentum gründen

Sein Anliegen war die Anbahnung einer Art von Reform-Judentum für die sogenannten »Gottesfürchtigen« im Mittelmeerraum. Es handelt sich um Heiden, die schon unterwegs zum Mono-Theismus waren, zu denen sich auch ehemalige Poly-Theisten gesellten. Paulus wollte ihnen allen ein im wesentlichen auf der Ethik der Propheten beruhendes Judentum vermitteln *mit Jesus als Messias*. Dessen ungeachtet war seine

Botschaft sehr kompliziert und häufig widersprüchlich. Es wird ja schon im 2. Petrusbrief des Neuen Testaments geklagt, daß »vieles in (Pauli) Briefen schwer zu verstehen ist«. Die Zerstörung Jerusalems im Jahre 70 machte jedenfalls einen dicken Strich durch seine Rechnung – und was dann kam, war die Kirche.

Ja, die Rollen von Qumran! Aufregend und umwerfend sind ihre Aussagen allemal. Unüberhörbar bestätigen sie die profunde Verwurzelung der Kirche im Judentum – eine Verwandtschaft, die so viele selbsternannte christliche Entjuder Jesu so lange und mit so viel Leidenschaft unter den theologischen Teppich zu kehren bestrebt waren.

Lassen Sie uns nun einige typische Qumran-Lehren erörtern, die zur Absonderung vom Tempel-bezogenen Judentum in Jerusalem führen mußten:

Zunächst: Warum wurde Qumran überhaupt um ca. 180 v. Chr. gegründet? Aufgrund einer Prophezeiung Ezechiels (4,4–5), in der von 390 Jahren der Züchtigung Israels die Rede ist, erwarteten gewisse Kreise in Jerusalem, daß nach Ablauf dieser Frist die messianische Zeit anbrechen würde. Wie bekannt, wurde Jerusalem im Jahre 586 vor der Zeitrechnung von Nebukadnezar zerstört. Nach obiger apokalyptischer Berechnung hätte die Heilszeit circa um 180 v. Chr. ihren Anfang nehmen sollen – genau der Zeitpunkt also, an dem Qumran gegründet wurde, um die Erlösung am bewährten Heilsort – der Wüste – erwarten zu können.

Was war der schwerwiegende Zankapfel zwischen Jerusalem und Qumran? Der Kalender! Während in Jerusalem der Mondkalender galt, richteten sich die Qumraner nach dem Sonnenkalener, der um 10–11 Tage jährlich länger war. Ihre Begründung war, daß in der Schöpfungsgeschichte die Sonne am 4. Wochentage erschaffen wurde, den sie deshalb zum ersten Wochentag erhoben. Wegen dieser ihrer Auslegung war die Gemeinsamkeit der Feste und Sabbathe mit dem Volke insgesamt zerrissen. Die Empörung der Priesterschaft in der Hauptstadt kann man sich leicht vorstellen.

Aus dem Habakuk-Kommentar von Qumran erfahren wir von einer Delegation der Priester, deren Anführer am Toten Meer als »Frevel-Priester« bezeichnet wurde. Der Zweck dieses Besuches war offensichtlich der Versuch einer gewaltsamen Wider-Einführung des gängigen Mondkalenders. »Der Lehrer der Gerechtigkeit«, als der uns der Leiter von Quamran vorgestellt wird, leistet Widerstaand und weiß, das Ansinnen zu verhindern. Die Kluft wird aber immer breiter, und er selbst hat schwer unter den Folgen zu leiden. Qumran muß ein gewaltiges Ärgernis für die Mehrheit gewesen sein – die ja, wie bekannt, keineswegs all-einig war: Schließlich mangelte es nicht an Kontroversen zwischen Sadduzäern, Pharisäern, Zeloten und anderen Splitterparteien in Jerusalem – die aber kein Schisma bewirkten.

Ein nicht weniger gewichtiger Stein des Anstoßes war die Messias-Frage. Im normativen Judentum wurde und wird, wie bekannt, ein Nachfahre Davids aus dem Stamme Juda als Erlöser erwartet. In Qumran jedoch erwartete man gleich zwei Messiasse, und zwar einen aus dem Hause Juda – also einen Königsmessias – und zugleich einen priesterlichen aus dem Hause Aron, der dem Judäischen übergeordnet sein würde. Diese Priorität scheint sich aus der Zugehörigkeit der Qumran-Gründer zu sadduzäischen Priesterfamilien zu ergeben. Oder waren es gar Ansätze einer Trennung zwischen Thron und Altar?

Hinweise auf ein Leiden des Messias gibt es auch in Qumran, aber nur auf den judäischen Gesalbten bezogen. Im späteren Talmud finden wir übrigens ebenso Spuren einer Zwei-Messias-Hoffnung. Hier jedoch handelt es sich um einen davidischen Königsmessias und einen »Sohn Josefs«, der jedoch zu leiden hat und, vor Anbruch der Heilszeit, umkommen würde. Dieser »Sohn Josefs« mag auf Ephraim hinweisen, was für das biblische Nordreich Israel steht, das bereits anno 722 v. Chr. untergegangen war. Spannend war allemal, vom Anfang der Geschichte an, der Wettstreit zwischen Juda, dem Sohn der Lea – und Josef, dem Sohn der von Jakob so geliebten Rachel. Beide Söhne werden von Jakob reich gesegnet. Die angekündigten Leiden und das Sterben des »Sohnes Josefs« mögen so manchen Angehörigen der Urgemeinde nachdenklich gestimmt haben. Ob hier eine Wurzel des Messiasanspruchs Jesu zu finden ist, bleibt eine offene Frage. Ein heilsbringender Vorbote, der Prophet Elia, spielte in der quamranischen, aber auch in der Jerusalemer Heilserwartung eine wichtige Rolle.

Zurück zu unseren Essenern und anderen Qumranisten. Wir erfahren über sie so manche Einzelheiten bei Josephus Flavius (75 n. Chr.) und bei Philo von Alexandrien (um 50 n. Chr.). Ihnen gemäß waren es zurückgezogene Einsiedler und Heilsfanatiker, die den einzigen richtigen Weg zum Heil gepachtet zu haben wähnten. Die Taufe gehörte zu ihrem täglichen Ritus. Wer weiß, ob nicht auch Johannes der Täufer zumindest zeitweilig einer der Ihren war? Die Taufstelle am Jordan liegt jedenfalls in Gehweite von Qumran – und die Taufe war und ist ein urjüdisches Ritual. Im Unterschied zum Christentum handelt es sich aber um eine Selbst-Taufe – als symbolischer Vollzug einer schon getanen Buße. Hier wird auf den Propheten Jesaja Bezug genommen, der bereits von der symbolischen Läuterungskraft des »lebendigen Wassers« schwärmt. Die Selbst-Taufe war und ist auch ein Teil der Riten beim Übertritt zum Judentum.

Über ähnliche Verquickungen zwischen Qumran und Christentum wäre noch vieles zu berichten. So zum Beispiel enthält eine Kupferrolle, die in Höhle Drei gefunden wurde, detaillierte Angaben über einen großen, wertvollen Schatz. Der Raum für Deutungen und Spekulationen scheint hier grenzenlos zu sein: Handelt es sich etwa um eine Bestandsaufnahme des weltberühmten Tempelschatzes von Jerusalem – von dem entlaufene Priestersöhne Kenntnis gehabt haben dürften? Oder aber war es der vergrabene Schatz einer reichen Priesterfamlie – ein Gerücht, das im heutigen Jerusalem schon manchen Schatzjäger auf die Suche nach der Grabstätte des Hohepriesters Zadok gelockt hat? Wieder andere sehen in der Schatzliste einen Entwurf für das Himmlische Jerusalem, wie es in all seiner Pracht dereinst auf diese Erde zurückkehren werde

– wie es schon der Prophet Jesaia und auch die Apokalypse des Johannes geweissagt haben.

Der Einfluß von Qumran reicht sogar in den Engelchor der Weihnachtsperikope hinein: Bis zur Entschlüsselung der Qumran-Rollen pflegten die Engel in den deutschen Übersetzungen des Lukasevangeliums in dreierlei Varianten zu singen:

1. »Ehre sei Gott in der Höhe und Friede auf Erden und *den Menschen ein Wohlgefallen*«. Oder:

2. ... *»und Friede sei den Menschen guten Willens«*. Oder:

3. ... *»und Frieden allen Menschen auf Erden«*. Was haben die Rollenfunde daran geändert?

a) In der Katholischen Einheits-Übersetzung von 1980 heißt es nun: »Friede sei den Menschen *Seiner* Gnade« – und:

b) In der Luther-Übersetzung von 1984 singen dieselben Engel nun: »Friede sei den Menschen *Seines* Wohlgefallens«.

Zu diesen wesentlichen Korrekturen entschlossen sich die Übersetzungskommissionen aufgrund der qumranischen Hymnen-Rolle (Hodayot), in der wir von Lobgesängen zuhauf erfahren. Friede wurde aber dort nur jenen verheißen – und so auch neuerdings in Deutschland – die Gott-gefällig handeln und leben. Ausgeschlossen waren und sind also damals z. B. die Römer und in unserem Jahrhundert etwa die Nazis. So kann man auch mittels Engelschören politische Einblicke gewinnen.

Zusammenfassend läßt sich feststellen, daß in der Bibliothek von Qumran generell drei Arten von Schriften gefunden wurden:

1. Texte der Hebräischen Bibel (Altes Testament), oft in mehreren Varianten, die zumeist mit den bekannten masoretischen Texten übereinstimmen – mit seltenen Ausnahmen von interessanten, jedoch geringfügigen Abweichungen, die gelegentlich von der Septuaginta herrühren dürften.

2. Apokryphe jüdische Bibeltexte, die im jüdischen Kanon nicht enthalten sind, da ihr hebräisches Original bei der Kanonisierung bereits abhanden gekommen war.

3. Qumran-eigene Schriften, wie zum Beispiel: Die Gemeinde-Regel, die Damaskus-Schrift, die Kriegs-, die Tempel- und die Kupfer-Rollen. Ebenso eine Fülle von Kommentaren und Auslegungen zu Büchern der Hebräischen Bibel, wie etwa: zu Habakuk, Micha und Zephania.

Die Geschichte von Qumran erstreckt sich über 250 Jahre, und seine Männer entstammten, wie gesagt, im wesentlichen dreierlei Herkünften: aufmüpfige Priestersöhne, flüchtende Zeloten und überzeugte Essener. Die Siedlung beheimatete zu keiner Zeit mehr als tausend Bewohner. Sie galten überwiegend als besonders friedfertig, zölibatär und welt-entsagend. Und dennoch finden wir in ihrer »Kriegsrolle« auch andere Töne: Ein endzeitlicher Heilskrieg stehe bevor, so heißt es da mit Nachdruck, auf den es sich zu rüsten gelte, um dem Messias den Weg zu bahnen. Möglicherweise handelt es sich hier um Ansätze eines bewaffneten Widerstandes gegen die Römischen Besatzer, die ja in der Tat im Jahre 68 n. Chr. die Siedlung zerstörten. Oder fußte die militante Kriegsrolle auf apokalyptischen Visionen, wie sie uns vom Buche Daniel bis zur Apokalypse des Johannes bekannt sind? Wer weiß? Sehr auffallend sind in der Kriegsrolle jedenfalls die Schilderungen des Kampfes der »Kinder des Lichtes gegen die Kinder der Finsternis« – Ausdrücke, die uns auch aus dem Neuen Testament geläufig sind. Der schreckliche Krieg von Gog und Magog aus dem Buche Ezechiel hallt ebenfalls wider – so wie wir ihn auch in der Apokalypse des Neuen Testaments vorfinden. Die Kinder des Lichtes haben viel zu erdulden und einen schweren Blutzoll zu leisten – aber Sieger bleiben sie zu guter Letzt.

Vielleicht sind all diese dunklen Stellen und düsteren Visionen ein Grund des weitgehenden Schweigens über Qumran im Talmud. Dort wird uns in der Regel von allerlei Oppositionellen und Minderheitsvoten minutiös berichtet. Qumran scheint aber hart an die Grenzen der gemeinsamen Rituale, Liturgien und Kalenderberechnungen gelangt zu sein.

Ist der Streit der Fachleute um die Veröffentlichung der Schriftrollen (1992) ein Sturm im Wasserglas gewesen? Nein, er war es nicht! Es geht nicht an, daß eine Gruppe von Wissenschaftlern, sei es aus wissenschaftlicher Akribie oder aus klüngelhafter Ambition, der Welt epochemachende Funde vierzig Jahre lang vorenthält! Die Aufregung darüber war berechtigt. Die bisher nicht veröffentlichen Fragmente – Hunderte an der Zahl – stehen in Fotokopien jetzt endlich zur Verfügung. Spannende Einzelheiten stehen noch ins Haus – obwohl umwerfende Enthüllungen kaum mehr zu erwarten sind. Die Fairneß gebietet hier, auch Worte der Anerkennung für die Leistung der Qumran-Entschlüsseler auszudrücken. Es ist ein nervenaufreibendes Puzzle-Spiel, das viel Geduld, mühselige Kleinarbeit, aber auch beachtliche interdisziplinäre Kenntnisse erfordert.

Bis 1997 sollen – laut israelischen Mitteilungen – die letzten Schriftfragmente ediert und gedruckt werden. Wie dem auch sei, hat es sich noch einmal erwiesen, daß damals die Fixierung des Christentums auf Jesus von Nazareth als den griechisch verstandenen Gottessohn die wesentliche Trennung zwischen Judentum, Qumran und Christentum darstellte. Nie zuvor jedoch kamen die frappanten Gemeinsamkeiten und Affinitäten zwischen den Dreien so klar ans Licht der Sonne wie seit der Entdeckung der Bibliothek von Qumran.

2. Damaskus in der Wüste?

Wie lange Jesus selbst in Qumran war, wie weit er sich essenische Glaubenselemente und Lehren zueigen gemacht hat, und wo er, andererseits, eher anti-essenisch eingestellt war – all dies gehört zu einer weit-gefächerten Kontroverse, die die Thematik dieses Buches sprengen würde. Unverzichtbar hingegen ist hier die Erörterung der Frage nach den Zusammenhängen zwischen Paulus, Qumran und dem nachjesuanischen Früh-Christentum.

In den Briefen des Paulus findet man nicht nur deutliche Spuren quamranischer Gedankengänge, sondern auch ganze Lehrstücke, die aus dem essenischen Glaubensgut entfaltet worden sind. Die Qumran-Gemeinde hielt sich für »das wahre Israel« (hallt wider in Phil 3,3) und für »die Erwählten Gottes, seit Seiner Gnadenwahl (Gottes)« – die bereits bei der Schöpfung erfolgte (Echo in Eph 1,4). Viele der späteren kirchlichen Lehren der Prädestination, die auf der unverdienbaren Gnade Gottes fußen, entstammen auch essenischen Einflüssen auf paulinische Episteln. Insbesondere die Selbstbezeichnung der Qumraner als »die Söhne des Lichtes« hallt bei Paulus des öfteren wider. (Eph 5,8; Thess 5,5) So finden wir im Römerbrief (9,6–23) ein klassisches Resümee der Lehre von der doppelten Prädestination – zum Verderben oder zur Herrlichkeit – ganz im Sinne der Qumraner, die nicht müde wurden zu betonen, daß der Mensch, ohne die Gnade Gottes, ein erbärmliches Geschöpf sei, der Sünde immer wieder verfalle.

Der Licht-Finsternis-Dualismus, der später im johanneischen Schrifttum eine zentrale Rolle spielt, ist auch für die paulinische Theologie kennzeichnend. »Laßt uns also ablegen die Werke der Finsternis und anziehen die Waffen des Lichtes!« So lautet sein Aufruf an die Römische Gemeinde (Röm 13,12). »Was hat das Licht für Gemeinschaft mit der Finsternis? So warnt er die Korinther (2 Kor 6,14) vor jedwedem Rückfall in den Götzendienst – in Worten, die lebhaft an die Weisung im qumranischen Sekten-Kanon (I QS 3,20–25) erinnern. In der »Kriegsrolle (I QM 17,6) wird »der Fürst des Lichtes«, der von Gott zum Schutzherrn für »die Söhne des Lichtes« bestimmt wurde, als Engel Michael identifiziert. Sein Erzgegner, der als Verkörperung aller bösen Kräfte auftritt, heißt ganz einfach nur »Belial«. (z. B. Sekten-Kanon [I QS 1,18] Kriegsrolle [I QM 17,6].) Dieses Qumranische Synonym für den Teufel kommt im Neuen Testament nur ein einziges Mal vor – in der Scheltrede des Paulus an die Korinther, wo er wettert: »Wie stimmt Christus mit Belial überein; oder was hat der Gläubige mit dem Ungläubigen gemein ...« (2 Kor 6,15f.) Mehr noch! Dieser rätselhafte Abschnitt im 2. Brief an die Korinther, wo es sich um die Gegenüberstellung vom Tempel Gottes und den Götzen, von Gläubigen und Ungläubigen, von Christus und Belial handelt, entpuppt sich, bei näherer Überprüfung, als die Paulinische Bearbeitung eines essenischen Lehrstücks (so z. B.

aus der »Kriegsrolle« [I QM 13,5–6]; ferner aus I QS 14,16 etc.) Dies betrifft die ganze Einfügung von 2 Kor 6,14–7,1.

Zu den auffälligen Gemeinsamkeiten zwischen Qumran und Paulus zählen auch Gleichnisse wie »der Tempel Gottes«, »ein heiliges Haus« und »eine Stätte der Wahrheit« als Würdetitel für die jeweilige Gemeinde. (I QS 8,5–10 und 2 Kor 6,16). Das Sünden-und-Verdienst-Register in Gal 5,19–26 hat eine deutliche Parallele im Sektenkanon (I QS 4,2–14). Die Vorliebe für Allegorese und blumige Bildersprache, wie auch zahlreiche andere Analogien und Affinitäten rechtfertigen die Folgerung, daß Paulus einige ergiebige Lehrjahre in Qumran verbracht hat.

Die sogenannte »Damaskus«-Schrift, von der mehrere Exemplare in den Höhlen Vier und Sechs von Qumran gefunden wurden (die bereits in der Genisah der Karäer-Synagoge in Alt-Kairo (Fustat) anno 1896 entdeckt worden war), erwähnt eine Gruppe von »Torah-treuen Juden« die unter der Führung eines »Lehrers der Gerechtigkeit« – wie einst unter Moses – *in die Wüste*, an einen Ort genannt *Damaskus* geführt wurden, wo sie einen »Neuen Bund« mit Gott schlossen. (CD 4,3; 6,2–11; 6,19) etc. Aus etlichen Textstellen geht klar hervor, daß der darin »Damaskus« genannte Ort *»in der Wüste«*, wie es heißt, unmöglich die Hauptstadt von Syrien sein konnte. Während das essenische »Damaskus« nur auf dem Weg durch die Wüste erreichbar war, wie sowohl die Damaskus-Schrift (CD 6,5) als auch die biblische Belegstelle in 1 Kön 19,15 betont, war das weitentfernte syrische Damaskus zu Paulus' Lebzeiten eine blühende hellenistische Stadt, in der Bibliotheken, Gymnasien und Theater das Kulturleben bereicherten. Von dieser Stadt sagte Resh-Lakisch (ein Talmud-Meister): »Wegen der Schönheit ihrer Umgebung ist sie würdig, den Eingang zum Paradies zu bilden.« (b Er 19,a) Mit welchem Recht hätte übrigens der Hohepriester in Jerusalem wohl »Männer und Frauen in Damaskus festnehmen und gefesselt nach Jerusalem führen lassen« können (Apg 9,1–2)? War doch Damaskus damals im Hoheitsgebiet des Königs Aretas IV. Philodemos, der eifersüchtig auf seine Souveränität wachte und jeden Übergriff auf seinen politischen Kompetenzbereich mit Brachialgewalt zu vereiteln wußte. Dabei konnte er mit der militärischen Unterstützung des römischen Statthalters von Syrien, Flaccus, zu jeder Zeit rechnen.

Im Paulusbuch des katholischen Theologen T. H. Schelkle (Wissenschaftliche Buchgesellschaft, Darmstadt) lesen wir: »Schwerlich konnte der Hohepriester in Jerusalem unmittelbar befehlen, Juden in Damaskus in Fesseln zu legen und so nach Jerusalem zu bringen.« (S. 59) Worauf Schelkle folgert, daß »die Vorstellungen der Apostelgeschichte über die Macht des Hohepriesters nicht zutreffen.« (S. 59f.) Diese Nachricht in der Apostelgeschichte (9,1–2) hält auch Josoph Klausner, der jüdische Jesus-Forscher »für unecht«. (»Von Jesus zu Paulus«, Frankfurt 1980, S. 303)

Damaskus in der Wüste – alias Qumran – hingegen, war zumindest in der Theorie innerhalb der Jurisdiktion von Jerusalem. Ein Textvergleich zwischen verschiedenen Handschriften der *Damaskus*-Schrift, von der – ganz abgesehen von dem Kairoer Fund – weitere acht gut erhaltene Rollen in den Höhlen von Qumran entdeckt wurden, ergibt, daß:

- Der »Neue Bund«, von dem in der Damaskus-Schrift die Rede ist, mit demjenigen in dem »Sekten-Kanon« aus Qumran (I QS 1,16; 24,2 etc.) identisch ist.
- Der »Lehrer der Gerechtigkeit«, der mit »Torah-treuen Juden« von Jerusalem nach »Damaskus in der Wüste« auswanderte, nur Qumran als Reiseziel haben konnte … wie wir aus der »Damaskus-Schrift« entnehmen (CD 4,5) und auch aus dem »Sekten-Kanon« (I QS 1,16).

Warum aber wurde die Essener-Siedlung am Toten Meer als »Damaskus« getarnt? Schon bei der Gründung der Gemeinschaft von Qumran (um 180 vor der Zeitrechnung) hat der Vers Jes 40,3 Pate gestanden: »Es ist die Stimme eines Rufers: In der Wüste bahnet den Weg Gottes; in der Steppe ebnet *Ihm* eine Bahn!« Bevor wir die Relevanz dieses Verses für die Essener erörtern , sei darauf hingewiesen, daß in den meisten deutschen Bibelübersetzungen diese Worte falsch übersetzt sind, und zwar: »Es ist eine Stimme eines Predigers in der Wüste: bereitet Dem Herrn den Weg und macht eben seine Steige!« Es ist dieselbe Bibelstelle also, die später für Johannes den Täufer so wichtig wurde (Mk 1,3), der sich, wie die Qumraner, als endzeitlicher Wegbereiter Gottes verstanden hat. (Mk 1,1–8) Durch die Wüste war Israel einst in das Land der Verheißung geführt worden. Deshalb erachteten die Leute von Qumran die Wüste am Toten Meer als Heilsort, in dem die messianische Erlösung herbeigebetet und gelebt werden könne.

In diesem Sinne wird auch im Sekten-Kanon (I QS 8,12–14) den Gemeindemitgliedern aufgetragen, sich vom Wohnort der Sünder abzusondern und in die Wüste zu ziehen, um dort den Weg des Herrn zu bereiten – worauf Jes 40,3 zitiert wird. Ihre Flucht in die Wüste galt ihnen also als Verwirklichung der Wüstenvisionen Jesaias (Kapitel 25 und 40), aber auch als unverzichtbare Hinleite für die künftige Erlösung Israels. Sie sahen ihre eigene Sektengeschichte als einen erneuten Ablauf der Geschichte Israels: Vom Exodus über die Wanderjahre in der Wüste bis zur endgültigen Landnahme Kanaans. Ihre Sichtweise der Heilsgeschichte stand also gleichsam unter der Devise: Zurück in die Zukunft!

Hier in der Einöde wartete die Gemeinde »des Neuen Bundes«, wie sie sich nannten (Jer 31,31 und die bereits oben zitierten Stellen im Sekten-Kanon) sehnlich darauf, daß sich die Schlüsselerfahrung der jüdischen Geschichte noch einmal und endgültig für Jerusalem wiederholen möge. Ob der oder die Erlöser in ein erneuertes Jerusalem, mit einem erneuerten Tempel einziehen würden oder in eine noch unvorhandene »Neue Welt«, ist aus den Schriftrollen nicht klar zu entnehmen. Jedenfalls würde die Erlösung bald kommen, oder, wie die Messiaserwartung der Qumran-Gemeinde im Sekten-Kanon (I QS 9,10f.) in einem Satz zusammengefaßt wird: »Sie sollen nach den früheren Gesetzen gerichtet werden, denen sich die Männer der Einung (Ha-Jachad) zu verpflichten begannen, bis daß der Prophet kommt und die Messiasse aus Aron und aus Israel.« Daraus geht eindeutig hervor, daß in Qumran *drei* messianische Heilsbringer erwartet wurden: Zwei Messiasse – und ein Prophet, als Vorbote der beiden Gesalbten.

Diesem Vorläufer und Heilsankündiger hoffte man mit Ungeduld entgegen – und zwar in der Wiederkunft des Propheten Elia, wie es in Maleachi 3,23 verheißen wird. Seine unentbehrliche Aufgabe wird die Versöhnung der Menschen sein, indem er »das Herz der Väter den Söhnen, und das Herz der Söhne den Vätern zuwenden wird«. (Mal 3,24) Er muß also die moralischen Vorbedingungen für das messianische Zeitalter schaffen, indem er die Sünder zur Buße und Umkehr bewegt. Eben diesen endzeitlichen Propheten Elia aber beauftragt Gott, kurz vor dessen Himmelfahrt: »Geh wieder Deines Weges durch die *Wüste von Damaskus*, und salbe Hasael zum König über Aram; Jehu zum König über Israel und Elischa zum Propheten an Deiner Statt!« (1 Kön 19,15–16)

Überall, wo in der Hebräischen Bibel von Damaskus die Rede ist (z. B. Gen 14,15; Gen 15,2; Jes 8,4 etc.) spricht die Schrift von der Stadt oder dem Land Damaskus – außer in obiger Stelle, wo es sich um »die Wüste von Damaskus« handelt. Wobei »die Wüste« des Exodus und des Jesaia (40,3) immer wieder mitschwingen und als Leitmotiv der Qumraner gelten kann. So mag also der zu durchschreitende »Weg durch die Wüste« und die darauf folgende Salbung eines Propheten und zweier Könige (wobei im Judentum der Messias immer als König angesprochen wird) die Qumraner wie eine himmlische Präfiguration ihrer eigenen Wüstenei und ihrer Drei-Ämter-Messianologie angesprochen haben.

Den Leuten von Qumran ging es dabei natürlich weniger um Hasael und Jehu, zwei ferne nördliche Könige, als um ihre dringenden, eigenen Heilshoffnungen. Der Gründe genug also für die mystisch veranlagten Endzeit-Bedränger am Toten Meer, ihre Siedlung symbolisch und zuversichtlich »Damaskus« als theologischer Schlüsselname zu benennen, wie wir der »Damaskus-Schrift« entnehmen. So war also das Reiseziel des Paulus, zu dem er bei seiner Berufungs-Vision unterwegs war, und wo er dann *»drei Jahre lang«* weilte (Gal 1,17–18) *nicht* die syrische Hauptstadt Damaskus, sondern die Wüstensiedlung am Toten Meer, die heute als Qumran bekannt ist.

3. »Arabien« am Toten Meer?

Über all seine vielen Missionsreisen überliefert uns Paulus oder die Apostelgeschichte Beschreibungen seiner Zielorte und Briefe oder Predigten an deren Bewohner. Es macht den Leser stutzig, daß das im Falle seiner Reise nach »Arabien« keineswegs so geschieht. In Gal 1,17 lesen wir: »Ich ging auch nicht hinauf nach Jerusalem zu denen, die vor mir Apostel waren, sondern zog hin *nach Arabien und kam wiederum nach Damaskus*«. Ganz abgesehen von der enormen Distanz zwischen dem syrischen Damaskus und den damaligen Oasen der Arabischen Halbinsel, war dieses Gebiet wohl kaum von besonderer theologischer Relevanz für den Apostel. Andererseits nennen sich die Qumran-Leute des öfteren in ihren Schriften »die Aussiedler der Steppe« und »die Männer der Einöde« (Kriegsrolle I QM II,2 und Sekten-Kanon I QS VIII,14). Diese *Steppe* heißt im hebräischen Original *Araba* – sowohl bei Jesaja als auch in Dt 3,17 und Jos 12,3 (und anderen Bibelstellen), wo sogar das Tote Meer als »das Meer der *Araba*« beschrieben wird.

Wie schon gesagt, bezieht sich auch Qumrans theologischer Leitspruch aus Jes 40,3 im hebräischen Original ausdrücklich auf das Ebnen einer Bahn für Gott in eben dieser *Araba*. Es gibt öfters bei Paulus Stellen, wo er in Ermangelung eines passenden griechischen Ausdrucks hebräische Topoi gräzisiert. Zum Beispiel *Arrabon* als Unterpfand oder Vorausgabe (in 2 Kor 1,22 und in Eph 1,14). Das hebräische Wort *Arrabon* erscheint ohne Kommentar oder Übersetzung im griechischen Originaltext des Apostels. Es ist daher höchstwahrscheinlich, daß Paulus, angesichts des zentralen Stellenwertes der *Araba* in Qumram und der Häufigkeit ihrer Erwähnung in der Bibel, den Begriff ohne Übersetzung oder Erklärung zur *Arabia* gräzisiert hat. Von der *Araba* aus – alias Arabien – war es ihm dann auch ein Leichtes, »wiederum zurück nach (dem naheliegenden) Damaskus zu kommen«, was Qumran bedeutet. (Gal 1,17) Dies wäre der dritte Pfeiler in unserer Beweisführung von der Identität des qumranischen und des Paulinischen »Damaskus« mit Qumran.

4. Was geschah vor Damaskus in der Wüste?

Die Erfahrung des Paulus auf der Straße nach »Damaskus« wird in der christlichen Theologie als seine »Bekehrung« bezeichnet. Wir haben drei verschiedene Berichte darüber in der Apostelgeschichte (9,1–19; 22,4–16; 26,9–19) sowie eine kurze autobiographische Notiz von Paulus selbst (Gal 1,11–17). Zu welcher Religion hätte er sich denn bekehren sollen, da sein Messias Jude war und zeitlebens geblieben ist? Das Christentum gab es ja zu jenem Zeitpunkt noch nicht. Die Akzeptanz Jesu von Nazareth als Messias war ursprünglich – ohne die spätere griechische Gottessohnschaft – eine innerjüdische Kontroverse. Der Begriff »Bekehrung« *(epistrophe)* kommt überhaupt nur ein einziges Mal im Neuen Testament vor – und zwar in Apg 15,3, wo derselbe Paulus, ganz im rabbinischen Sinne des Wortes, von der »Bekehrung der Heiden« zum Gott Israels erzählt – wie es auch die Propheten zu tun pflegten.

Wenn man die vier Berichte im Rahmen seiner gesamten Missionstätigkeit unter die Lupe nimmt, entdeckt man eine klare Kontinuität zwischen dem »zuvor« und dem »danach«. Von einem Übertritt oder einem Religionswechsel ist keine Spur zu finden; wohl aber von der Beauftragung Pauli, den Heiden, als jüdischer Sendling, die Botschaft vom Gott Israels und die Kunde vom jüdischen Messias Jesus zu überbringen. Immer wieder zeigt die Redeweise und die Wortwahl des Paulus und des Lukas in der Apostelgeschichte, daß beiden die prophetischen Berufungsvisionen des Jesaja, Jeremia und Ezechiels vorschwebten, die ihnen als literarische Vorlagen dienten. Paulus ist sich bewußt, daß der an ihn ergangene Auftrag keine Widerrede duldet: »Wenn ich das Evangelium verkünde, so ist das für mich kein Ruhm; denn ein Zwang liegt ja auf mir. Und wehe mir, wenn ich es nicht verkünde!« (I Kor 9,16).

Das Künderamt liegt auf ihm wie eine schwere Last, derer er sich nicht zu entledigen wagt. Oft merkt man, daß ihn die »Frohbotschaft« in Selbstwidersprüche, Paradoxien und Inkonsequenzen verstrickt, doch künden, mahnen und predigen muß er, wie es das Schicksal aller Propheten war – um nicht sein seelisches Gleichgewicht zu verlieren. Was also geschah ihm vor »Damaskus« (also vor Qumran)? Eine Berufungsvision zum Apostolat seines jüdischen Messias Jesus war es, unter deren Wucht er sich zunächst »drei Jahre lang zurückzog« (Gal 1,17,18) und zwar nach »Damaskus in der Wüste«.

Ob er dies aus akuter Naherwartung tat, oder aus gesundheitlichen Gründen, muß eine offene Frage bleiben. An Hinweisen und Andeutungen auf eine Krankheit fehlt es in seinen Briefen nicht: Er erblindete zeitweilig nach der Vision (Apg 9,3–6): er fiel auf die Erde (Apg 9,8), mußte an der Hand geleitet werden und war für einige Zeit pflegebedürftig (Apg 9,9). In Kor 12,7 spricht er von »einem Stachel in seinem Fleische«, den er »einen Boten des Satans« benennt. Nach Meinung namhafter Medizinier könnte er an Epilepsie gelitten haben – was bekanntlich auch eine Ursache seiner negativen Einstellung zu Frauen sein könnte. Wie dem auch sei, die Geistesgröße dieses Mannes würde eine Erkrankung nicht gemindert haben. Das gilt auch für andere Koryphäen der Weltgeschichte, die an Epilepsie gelitten haben, wie z. B. Julius Caesar, Napoleon Bonaparte, Dostojewski und andere mehr.

Erst nach besagten drei Jahren ging er »hinauf nach Jerusalem, um Kephas kennenzulernen und blieb fünfzehn Tage bei ihm« (Gal 1,18). Hier beginnen sich bereits die Wege der beiden Juden, aber auch die der Urgemeinde und der späteren Heidenkirche zu trennen – denn von da an geht Paulus in die Heidenwelt. Es gärt zwischen ihnen zunehmend, aber zum offenen Bruch kommt es erst nach dem Apostelkonzil.

Alles was wir –
Juden, Christen und Moslems –
von *Gott wissen,*
geht unschwer auf eine Postkarte;
was wir um *ihn wissen,*
füllt zahllose Bibliotheken.

Christen mögen Juden hassen,
sie verfolgen,
sie lieben,
oder mit ihnen dialogisieren –
aber sie kommen nicht von ihnen los.

Heinrich Heine, der fromme Ketzer

Jüdisch beschnitten – evangelisch getauft – katholisch getraut

Als Jude geboren und beschnitten, evangelisch getauft und katholisch getraut, blieb Heinrich Heine zeitlebens ein unsteter Grenzgänger zwischen den Welten: ein deutscher Patriot ohne Heimat; ein »europamüder« Weltenbürger im Exil; ein Rheinländer an der Seine – und nicht zuletzt: ein braver Soldat im Befreiungskrieg der Menschheit, wie er sich selbst so tiefsinnig verstanden hat. Sensitiv und aggressiv zugleich, war er eine Zerreißprobe von Widerborstigkeiten, voll kreativer Unruhe, dem wir vielleicht die profundesten Bekenntnisse eines gläubigen Ketzers verdanken. Seinem »himmlischen Heimweh« und seinem zähen Ringen mit Gott um den inneren Frieden sei hier dieses Spätlob gewidmet. Eine lange Nacht hindurch rang Jakob einst mit dem Engel des Herrn – bis er ihm beim Morgengrauen seinen Segen abringen konnte. Heinrich Heine, ein später Nachfahre des Stammvaters, rang mit Gott und dessen Engeln ein ganzes Leben lang. Wie Jakob wurde auch er dabei angeschlagen, aber nicht geschlagen – doch der Segen blieb ihm versagt. Oder hat er ihn zu guter Letzt doch noch erlangt? Wie dem auch sei, der Kaufmannssohn aus der Düsseldorfer Bolkerstraße lebte eine Zeitlang in Frieden mit Gott; eine längere Zeit dauerte seine lautstarke Rebellion gegen Gott und die Welt; des öfteren haderte er mit Gott wie einst Abraham um Sodom und Gomorrha – aber ohne Gott lebte er fast nie.

Er liebäugelte zwar eine Weile mit Spinoza und dem Pantheismus, dann mit dem Linksradikalismus und dem Salon-Kommunismus, und während seiner Sturm-und-Drang-Epoche hat er auch »bei den Hegelianern die Schweine gehütet«, wie es in der Rückschau des älteren Heine heißt, was sowohl seine Neu-Entwertung Hegels als auch seine Heimkehr als verlorener Sohn zum Glauben seiner Väter zum Ausdruck bringen soll. Daß es während seiner geistigen Odyssee auch zu atheistischen Wallungen kommen mußte, war bei seinem vulkanischen Temperament so gut wie unvermeidlich. Als Freund von Marx und Engels gefiel er sich eine Zeitlang in der Rolle des »Apostels der neuen Religion«, wie er die alt-neue Lehre nannte, die »das Sterben Gottes«, die Emanzipation des Fleisches und die Ver-Gottung des Menschen als angeblich befreiende Frohbotschaft ausposaunte. Wie un-neu all dies war, fand der reifere Heine in Psalm 14 und Psalm 53, die er in redlicher Selbstkritik auf sich selbst bezog: »Der Narr spricht in seinem Herzen: Es ist kein Gott ... da ist keiner, der Gutes tut ... Sie essen das Brot Des Herrn, aber rufen seinen Namen nicht an.« Doch die ausschweifenden Festgelage des Dionysos, denen der in Hellas verliebte Jüngling ein paar Jahre lang frönte, waren – zutiefst gesehen – Teil einer leidenschaftlichen, wenn auch wirren Gottes-Suche. Die übermütige Lyrik jener Tage tat er später, nach seinem »Widerruf« mit einem kurzen Refrain ab:

»Gebeugten Hauptes sink ich nieder,
Oh Herr, vergib mir meine Lieder!«

Doch auch im Überschwang seiner »Griechen-Jahre« war sein A-Theismus niemals eine nüchterne Leugnung Gottes, sondern ein gut jüdisches Phänomen, das man nur mit »heißblütigem Anti-Theismus« bezeichnen kann: ein heiliger Zorn auf jenen unglaubwürdigen Zwerg-Gott, den gewisse Theologen ihm des öfteren aufgeschwatzt hatten – ein Buchhalter-Gott, der sorgfältig gute und böse Taten aufrechnet; ein Himmelstyrann, der seine irdischen Untertanen polizeilich reglementiert; und ein Schlachten-Gott, der in ehrwürdigen Kathedralen die Waffen segnen läßt. Im Vorwort zum »Atta Troll« erläutert er diesen Pseudo-A-Theismus als gläubigen Bildersturm: »Wir spotten nur über das Zerrbild«, so schreit er auf, »nicht über Gott!« (Was im Grunde den »Vogelscheuchen im Gurkenfeld« entspricht, mit denen Jeremia (10,5) die Ab-Götter der Heiden anzuprangern pflegte.) Aus Glaubensgründen, nicht aus Aufmüpfigkeit blieb Heine auch zeitlebens ein harter Gegner der Religionen – wie Karl Barth es war –, da ihm, als Jude, auch nach seiner Taufe, die Verdinglichungen und Verbilderungen Gottes ein Greuel blieben. »Götzenbilder«, wie er sagte,

»beweihräuchert mit allzu viel frömmelnder Salbaderei«, durch deren Dunst nur hie und da ein Funken echter Frömmigkeit durchzubrechen vermochte. »Religion und Heuchelei sind Zwillingsschwestern«, so schreibt er in seinem Essay »zur Geschichte der Religion«, »und beide sehen sich so ähnlich, daß sie zuweilen nicht voneinander zu unterscheiden sind.« In seiner harten Kritik an den Kirchen und in der Unmittelbarkeit seiner Gottesbeziehung erinnert er häufig an Martin Buber, der nicht müde wurde zu betonen: »Ich meine Gott – nicht die Religionen!« Nur um (mit seinem Freund Leonhard Ragaz) hinzuzufügen, daß das Reich Gottes eher »das Gegenteil von Religion sei«, ja, daß Religion die Neigung habe, »sich an die Stelle Gottes zu setzen« und daher »Gottlos zu sein«. (Nachlese, S. 102 und 124ff.)

Fest steht in der heutigen Rückschau, daß Heine sowohl in seiner unentwegten Jagd nach dem Geheimnis Gottes als auch in seiner oft mit Spott und Ironie verbrämten Auflehnung gegen das etablierte Kultwesen den Propheten Israels sehr nahe stand. »Was soll Mir die Menge eurer Opfer, spricht Der Herr, ... Ich habe keinen Gefallen am Blut eurer Stiere, Lämmer und Böcke!« So donnerte einst Jesaja (1,11ff.). Denselben Priestern im Tempel zu Jerusalem verkündet auch Jeremia seine antiklerikale Drohbotschaft: »So spricht Der Herr: Wenn ihr auf Mich nicht hören werdet, und nicht nach Meinen Geboten lebet ... so will Ich dieses Haus zerstören und diese Stadt zum Fluchwort machen für alle Völker auf Erden.« (Jer 26,4–6) Ähnliches bewegte ... wohl auch Heine, als er im Nachwort zum »Romancero« Wert darauf legt zu betonen, daß seine religiösen Überzeugungen »von jeder Kirchlichkeit« freigeblieben seien: »Kein Glockenschlag hat mich verlockt«, so beteuert er, »keine Altarkerze hat mich geblendet«, – worauf der Grenzgänger zwischen Kirche und Synagoge seinen Antikonfessionalismus mit Nachdruck hervorhebt. Ein Meister der Dialektik, hatte er einen geradezu wollüstigen Genuß daran, allen die Wahrheit zu sagen, wie er sie sah: den Juden und den Antisemiten; den Deutschen und den Franzosen; den Adeligen und den Bürgern, aber vor allem: den Katholiken und den Protestanten.

So konnte er den katholischen »Pfaffen« ... sowohl »Scheinheiligkeit und Heuchelei« als auch »gleissende Frömmelei« vorwerfen und den Katholizismus eine Religion nennen, »die die Menschheit mit ihrer Leibfeindlichkeit angekränkelt hat«. In diesem Sinne beeindruckt ihn die Messe, als »wenn der Liebe Gott eben gestorben wäre, und es riecht dabei nach Weihrauch wie bei einem Leichenbegängnis«. Und dennoch konnte er ergreifende Beschreibungen über die Marienprozessionen im katholischen Düsseldorf dichten; mystische Betrachtungen über Heiligenfeste in Italien anstellen; und während seiner »Anfälle von Wunderglauben«, wie er sie sachlich diagnostizierte, konnte er beschwingend gläubige Verse schmieden, die wie der Erguß profunder Volksfrömmigkeit klingen – wie etwa seine »Wallfahrt nach Kevlaar«, die nicht von ungefähr bis heute zu den erbaulichen Texten der Katholikentage gehören.

Auch die Kirchen der Reformation kommen bei Heine nicht besser weg. »Die protestantische Religion ist mir zu vernünftig«, so läßt er seinen Herrn Hyazinth sagen, »gäbe es in ihrer Kirche keine Orgel, so wäre sie gar keine Religion. Sie schadet nichts und ist so rein wie Wasser, aber sie hilft auch nichts«. Was Heine besonders anwidert, sind die Streitigkeiten der Pietisten und der Orthodoxen, die er als »Mystiker ohne Phantasie und Dogmatiker ohne Geist« bezeichnet. Die »feigsten Mönch-Stücke, die kleinlichsten Klosterränke sind noch immer noble Gutmütigkeiten im Vergleich mit den Gehässigkeiten der Protestanten, die jetzt sogar bei der Philosophie noch Beistand suchen«, – ein Tatbestand, der für Heine ihren unabwendbaren Untergang vorausahnen läßt. Und dennoch – oder gerade deshalb – war Heine ein glühender Verehrer Martin Luthers, dessen Bibelübersetzung er sich stets bediente, insbesondere um Kirchen und Synagoge anzugreifen. »Luther gab uns nicht bloß die Freiheit der Bewegung«, so schreibt er, »sondern auch das Mittel der Bewegung: Dem Geist gab er den Leib; dem Gedanken gab er auch das Wort. Er schuf die deutsche Sprache.« Heine war zwar nicht blind für »die plebeische Rohheit« in Luthers Streitschriften, die er als »ebenso widerwärtig wie grandios« empfand – aber was war das schon im Vergleich zur Denkfreiheit und zur Vernunftherrschaft, die er, laut Heine »den Deutschen geschenkt hatte«!

Kurzum: Der Glaube als solcher galt ihm als edel, hehr und erhaben; die Religionsstifter waren Leuchten der Menschheit, aber die in ihrem Namen gegründeten Institutionen empfand er stets als »herzlich schlecht«. Daß er dabei seinen Tadel ganz unparteiisch auszuteilen gewillt war, mußte dazu führen, daß er sich zwischen alle Stühle setzte – aber war das nicht schon immer der Stammplatz aller Propheten? Mit Witz und Esprit, mit Charme und Eleganz, aber gelegentlich auch mit Frivolität betrieb er seine Berufung als ewiger Ruhestörer. So z. B. gießt er in seiner Ballade über die Disputation in Toledo eimervoll Spott und Sarkasmus über den Glaubenskampf zwischen Rabbi Juda, dem Navarrer, und Frater José, dem Franziskaner – nur um der spanischen Königin sein eigenes Schlußwort in den Mund zu legen:

»Welcher Recht hat, weiß ich nicht –
doch es will mich schier bedünken,
daß der Rabbi und der Mönch,
daß sie alle beide stinken.«

Wobei er immer wieder mit Nachdruck betont: »Ich hasse nicht den Altar, sondern ich hasse die Schlangen, die unter dem Geröll der Altäre lauern; die arg-klugen Schlangen, die unschuldig wie Blumen zu lächeln wissen, während sie heimlich ihr Gift spritzen … und Verleumdung zischen in das Ohr des frommen Beters.«

Das hätte auch ein Jeremia oder ein Schüler des Jesaja sagen können – bis hinein in die blumige Bildersprache der eifernden Scheltreden. Das gilt mit gleicher Vehemenz auch für sein gebürtiges Judentum, das er »ein tausendjähriges Familienübel« und eine »aus dem Niltal mitgeschleppte Plage« nennt. »Bleiben Sie mir weg mit der altjüdischen Religion; die wünsche ich nicht meinem ärgsten Feind!« – So läßt er seinen Hyazinth aufseufzen: »Man hat nichts als Schimpf und Schande davon. Es ist gar keine Religion, sondern ein Unglück.« Doch solche Ausbrüche können keinen Kenner der jüdischen Selbstkritik irreführen. Weder Abscheu noch

Gehässigkeit gegenüber den eigenen Wurzeln kommt hier zum Ausdruck, sondern verletzte Liebe und enttäusche Hoffnung, wie sie auch die Propheten beseelt, wenn sie Jerusalem »eine Hure« nennen und die Priester als »Abtrünnige« und ganz Israel als »verstockt« brandmarken ... So kann derselbe Heine Moses als den größten Künstler bewundern, der zwar keinerlei Pyramiden aus Granit formierte, wohl aber »Menschen-Obelisken« meißelte, indem er einen armen Hirtenstamm nahm und daraus ein Volk schuf, »ein großes, ewiges, heiliges Volk, ein Volk Gottes, das ... der ganzen Menschheit als Prototyp dienen konnte – er schuf Israel«.

Und so kommt Heine zu dem Schluß, »daß die Griechen nur schöne Jünglinge waren, die Juden aber immer Männer: gewaltige, unbeugsame Männer ... bis auf den heutigen Tag, trotz 18 Jahrhunderten der Verfolgung und des Elends«, wie er betont. Und so bekennt er sich stolz zu »seinen Ahnen, die dem edlen Hause Israel angehörten und Abkömmlinge jener Märtyrer waren, die der Welt einen Gott und eine Moral gegeben und auf allen Schlachtfeldern des Gedankens gekämpft und gelitten haben«.

Kurzum: Wer über Heine spricht, kann von seinem »unabwaschbaren« Judesein nicht absehen, wie vielfältig und widersprüchlich es sich auch bei ihm zu manifestieren pflegte. Mit Ludwig Börne konnte auch er sagen: »Die einen werfen mir vor, daß ich Jude sei; die anderen verzeihen mir es; der dritte lobt mich gar dafür, aber alle denken daran. Sie sind wie gebannt im magischen Judenkreise, es kann keiner hinaus.« Jüdisches Geschick und jüdische Sehnsucht hatten sich tief in seinen Werken eingemeißelt, auch dort, wo er nicht von Juden spricht. Als geschlagener Jude war es das Prophetenblut in seinen Adern, das ihn anspornte, für alle Entrechteten aufzuschreien. In seinem kämpferischen Gedicht »Die schlesischen Weber« stellt er sich auf die Seite der Revoltierenden des Jahres 1844; er empört sich über die Mißhandlung der Neger in den USA, und seine spitze Feder streitet unentwegt für das Volk, »den großen Lümmel«. Was ihn aber noch mehr schmerzte als das Scheitern aller Versuche, seine zwiefache Herkunft als Deutscher und als Jude in Einklang zu bringen, war die Unfreiheit seiner deutschen Mitbürger. »Ich bin nur krank an meinem Vaterlande; es werde frei, und ich gesunde« – das hätte auch ein Provokateur der Liebe wie der Prophet Amos verkünden können, der, wie Heine, die gesellschaftlichen Mißstände seiner Zeit der schonungslosen Kritik unterwarf: »Höret das Wort, Ihr Vollgefressenen, die Hilflose unterdrücken, Bedürftige schinden und sagen: Schafft her, daß wir saufen! ... Ja, gebt acht! Tage kommen über Euch, da schleppt man Euch fort mit Nasenseilen, und Euer Hinterteil mit Fischerhaken!« (Amos 4,1–3) Dieser drastische Protest in derber Bauernsprache, den Amos gegen die genußsüchtige Elite seiner Residenzstadt richtet, entstammt demselben empörten Gerechtigkeitsempfinden, das den jungen Heine bewegt, wenn er seinen Titelhelden »William Ratcliff« von jenen reden läßt: »die selber im Überfluß schwelgen«:

»Und stolz herabsehen auf den Hungerleider,
der mit dem letzten Hemde unterm Arm
langsam und seufzend nach dem Leihhaus wandelt.
Oh seht mir doch die klugen, satten Leute an,
wie sie mit einem Walle von Gesetzen
sich wohl verwahren gegen allen Andrang
der schreiend überläst'gen Hungerleider!«

Amos und Heine wollen beide mit dem Rüstzeug der Propheten eine fettleibige Abgestumpftheit durchstoßen und die überhebliche Rücksichtslosigkeit jener reichen Prasser anprangern, gegen die auch Rabbi Jesus seine »Weherufe« schleudert, um im Namen der Nächstenliebe als Anwalt der Armen gegen den Mißbrauch der Macht aufzutreten. Und wenn der leidgeprüfte Heine dann klagt, er habe »manchmal nicht übel Lust, das ganze Sprechamt aufzugeben«, aber sich dann doch wie Jeremia als »Diener des Wortes« versteht, den »ein inneres Feuer schier verzehrt, so daß er's nicht ertragen konnte, er wäre schier vergangen« (Jer 20,9), so folgt Heine in den Fußstapfen Moses, der zwar beteuerte, er habe eine »zu schwere Zunge« zum Künden – aber dann dennoch sein Volk aus der Sklaverei herausführte. Er folgt dem Propheten Elia, der in die Wüste geflohen war, um der Stimme zu entfliehen – aber dann dennoch das Künderamt auf sich nimmt; und dem armen Jonah, der dem Geheiß von Oben durch Flucht zu entgehen versucht, aber von Gott mühelos eingeholt wird.

Er war, ohne es zu wissen, auch ein wehmütiger Prophet. Am klarsten wurde mir diese Gabe in seinem Gedicht aus der Nachlese von 1824, in dem er das gesamte Judentum zu »Edom« sprechen läßt (»Edom« ist der alte rabbinische Beiname für die Kirche des Triumphalismus – »An Edom« heißt das Gedicht):

> Ein Jahrtausend schon und länger –
> dulden wir uns brüderlich.
> Du, du duldest, daß ich atme;
> daß du rasest, dulde ich.
> Manchmal nur, in dunklen Zeiten,
> ward' mir wunderlich zumut',
> und die Liebe-frommen Tätzchen
> färbtest du mit meinem Blut.
> Jetzt wird unsre Freundschaft fester,
> und noch täglich nimmt sie zu;
> denn ich selbst begann zu rasen
> und ich werde fast wie du.«

Das klingt fast, als wäre es für das Stammbuch so mancher heutiger Israelis gemeint. Er weist ohne Umschweife auf die innere Gefahr hin, die später auch Martin Buber erkannte, als er vor einer Über-Betonung des Polit-Israels zu warnen pflegte, das so rasen will wie andere Völker – auf Kosten der zionistischen Vision der Bibel-Propheten.

Dies schon vor 160 Jahren durchschaut zu haben, wirft neues Licht auf den feinfühligen Spötter und Satiriker Heinrich Heine. In der Tat, ein Honiglecken war das Prophetentum wohl nie, denn einer, der da mahnt und rügt, der schilt und droht, wird heute, genau wie anno dazumal, für seine Mühe geschlagen, verleumdet, abgewählt oder vertrieben. Und wenn Elia fliehen mußte, um das nackte Leben zu retten; wenn Micha im Gefängnis landete und

Jeremia halb zu Tode geprügelt wurde, so erging es Heine wie seinem Amtskollegen Amos: »Seher, auf, flüchte ins Land Juda! Dort magst Du Dein Leben fristen ... In Beth-El aber darfst Du nicht mehr als Prophet sprechen!« (Amos 7,12–13) Kurzum: Redeverbot und Landesverweis – getarnt als menschliches Entgegenkommen.

Wie allen Kündern im alten Israel war Heine die Botschaft wichtiger als sein Botenschicksal. Er sicherte sich nie ab; Vorsichtsmaßnahmen waren mit seiner Militanz nur schlecht vereinbar. Ein Virtuose der Polemik, wollte er von Takt und Taktik genau so wenig wissen, wie Jesaja. Franzosenfreund! Vaterlandsverräter! Jude! Lügner! Charakterloser! Verführer der Jugend und gottloser Materialist! – wie sehr Heine unter all diesen gehässigen Vorwürfen gelitten hat, können wir nur ahnen.

Unverkennbar ist in seinem Werk die Absicht, mit Spott und Ironie, mit Zorn, des öfteren sogar mit Hochmut jene Gefühle zu kaschieren, die sein Herz bestürmten: die Enttäuschung des Abgewiesenen, die Pein des Verstoßenen und die Qualen verschmähter Liebe. Und da er mit offenem Visier zu kämpfen liebte, ging er den schweren Prophetenweg ins Exil – um nie in Deckung gehen zu müssen. »Wer das Exil nicht kennt«, schrieb der nach Paris verjagte Heine, »begreift nicht, wie grell es unsere Schmerzen färbt, und wie es Nacht und Gift in unsere Gedanken gießt. Dante schrieb seine ›Hölle‹ im Exil.« Und dennoch heißt es:

»Baut Häuser in der Stadt Eurer Verbannung, darin Ihr wohnen mögt, pflanzt Gärten ... Suchet der Stadt Bestes, in die ich euch habe wegführen lassen!« Diesen Rat Jeremias (29,5 ff.) an seine Landsleute in Babylon befolgte auch Heine, der im Exil Leid und Not, aber auch seine größte Schaffensfreude und – zu guter Letzt – auch seine »Bekehrung« erleben konnte.

Auch der letzte Tropfen Wermut im Leidenskelch des Künderamtes blieb ihm nicht erspart. »Ein Prophet gilt nirgends weniger als in seinem Vaterland« (Mt 13,57). Diese Binsenwahrheit, die Elia in Samaria, Jeremia in Jerusalem und Jesus in Nazareth am eigenen Leib erfahren mußten, wurde auch Heine zuteil. Nichts

Deutsches war dem Juden Heine fremd, der »das deutsche Wort« als »unser heiligstes Gut« bezeichnete, denn es sei »ein Vaterland selbst demjenigen, dem Torheit und Arglist ein Vaterland verweigern«. Deutschland jedoch, mit seiner Haßliebe zu seinen jüdischen Stiefkindern, nötigte ihn, über die Grenzen seiner Heimat hinauszuwachsen – und so gelang ihm, was einem Kleist und einem Uhland versagt geblieben war: Er wurde ein europäischer Schriftsteller von Weltrang.

Auch »Klein-Paris«, wie Napoleon anno 1811 Düsseldorf benannt hatte, hinkt in der postumen Anerkennung des ›größten Sohnes‹ dieser Stadt hinter Paris einher. Lange wollte man gar nichts von ihm wissen. Dann versuchte man die Wiedergutmachung fast schlagartig, indem ein sonderbares Denkmal gebaut, ein Heine-Preis ausgeschrieben und ein Heine-Archiv errichtet wurden. Als aber der naheliegende Gedanke aufkam, die neu gegründete Universität nach Heine zu benennen, da dauerte die mäandernde Debatte um die Namensgebung 17 lange Jahre – nur um im Februar 1982 in einer amtlichen Ablehnung auszumünden.

In den Worten von Rainer Wolf:

»Der Universitätskonvent
zu Düsseldorf am Rheine
beschloß, daß, wenn er sich benennt,
auf keinen Fall nach Heine,
weil Heine a) als Demokrat
und b) als Sozialist
den Spießern auf die Zehen trat,
was typisch jüdisch ist.«

Manche frohlockten, denn sie sahen in der Weigerung ein Zeichen der ungebrochenen Wirkung Heines – man fürchtete ihn eben noch immer. Tatsächlich hatte er vorausgesagt:

»Wenn ich sterbe,
wird die Zunge
ausgeschnitten meiner Leiche.

Denn sie fürchten,
redend käme ich
wieder aus dem Schattenreiche« ...

Kurzum: Obwohl Heines Weltruhm von Island bis nach Japan ... unumstritten bleibt, behält Rabbi Jesus noch immer Recht: »Nirgends ist ein Prophet so verachtet wie in seiner Vaterstadt.« (Mk 6,4)

Doch nein! Im Dezember 1988 – auf die Woche genau 121 Jahre nach der Geburt des Dichters – kam es zur Wende. Der Senat der Hochschule rang sich zur Benennung »Heinrich-Heine-Universität« durch – zur tiefen Genugtuung der städtischen Behörden und zahlreicher Bürger und Studenten. Für den Nachruhm Heines ist der Beschluß ohne Bedeutung. Aber vielleicht wird der neue Name auf den Geist dieser Universität Einfluß ausüben. Das wäre dann doch noch ein postumer Triumph für Düsseldorfs größten Sohn.

Heine hatte keine Illusionen betreffs der prekären Lage des Judentums inmitten eines nur hauttief christianisierten Europas. Nach dem Hamburger Judenkrawall im August 1819 schreibt er wehmütig: »Ein Jude sagt zum anderen: Ich bin schwach. Dies Wort empfiehlt sich als Motto zu einer Weltgeschichte des Judentums.« Heine gehörte zu jener ersten, dem Ghetto entronnenen Generation. Er war ein Neuankömmling, der stets um seine Anerkennung zu kämpfen und die Schikanen einer feindlich gesinnten Umwelt zu fürchten hatte. Nur aus diesem existentiellen Zwielicht erklärte sich der aufgestaute Heißhunger in der Aneignung europäischer Kultur und das ungestüme Sich-Losreißen von der väterlichen Lebensweise, die damals viele junge Juden gekennzeichnet hat.

Der Jude hatte auf deutschem Boden allzu lange nur allzu Schweres ertragen müssen, um nicht Herz und Kopf zu verlieren, sobald auch für ihn endlich das Fanal der Freiheit aufzuleuchten begann. Und so waren manche Juden damals im Völkerfrühling bereit, ihre Vergangenheit auf dem Altar der Zukunft darzubringen. Mehr noch: das Wohl ihrer Kinder dem Glauben ihrer Väter vorzuziehen. Während sich andere Minderheiten aus solchen Seelenqualen in eine Gemeinschaft flüchten konnten, war dem Juden jener Tage, der ein Deutscher werden wollte, dieser Ausweg versperrt. Er lebte in einem vogelfreien Niemandsland zwischen den Fronten. Wie jedes Genie, das seiner Zeit vorauseilt, stand Heine daher so gut wie allein. Noch 1823 schreibt er an seinen Freund Moser, er hielte es für würdelos und entehrend, wenn er, um ein Amt in Preußen zu erhalten, sich taufen ließe. »Im lieben Preußen«, so seufzte er auf: »Ich weiß wirklich nicht, wie ich mir in meiner schlechten Lage helfen soll. Ich werde noch aus Ärger katholisch; und hänge mich auf.«

So weit ging Heine zwar nicht, wohl aber wurde er anno 1825 formell ein Protestant, weil dies damals die Vorbedingung für die Bekleidung eines Staatsamtes in Deutschland war. Mit der Rückgängigmachung des liberalen »Code Napoleon« war der große Emanzipationstraum im Nu ausgeträumt. Die Reaktion war im Vormarsch und hätte die Juden am liebsten ins Ghetto zurückgeschoben. Den Grund erläutert Heine mit lakonischer Weitsicht: »Erst wenn die ganze Menschheit frei geworden ist, kann sie den Juden Freiheit gewähren. Denn: wie sollte sie geben, was sie selbst nicht hat?« Womit er »Gottes Minorität« zum Barometer der Freiheit und zum Pegel der Toleranz erklärt – was sie in der Tat auch bis heute geblieben ist. Noch macht er einen Hehl daraus, daß ihn nicht Glaubensgründe, sondern Broterwerb und Kulturhunger gezwungen hatten, den Taufschein als »Entrée-Billett« in die europäische Gesellschaft zu erwerben. Wenn er dabei beteuert, er hätte lieber silberne Löffel gestohlen, wenn das nicht verboten wäre, so spricht das gewiß nicht für ihn; noch weniger aber für einen Staat, der einem genialen Juden, wegen seines Judeseins, keine Chance zur Entfaltung bietet.

»Die Taufe geschah in aller Stille in der Wohnung des Pfarrers.« So nachzulesen in dem Kirchenbuch der Evangelischen Gemeinde zu St. Martin in Heiligenstadt. Bei der Zeremonie war nur noch eine einzige Person zugegen: der als Pate fungierende Theologe. Offensichtlich sollte sich das Ganze möglichst unauffällig und schnell abspielen. Wenige Monate später schrieb Heine in einem Brief: »Ich versichere dich, wenn die Gesetze das Stehlen silberner Löffel erlaubt hätten, so würde ich mich nicht getauft haben.« Der Taufzettel war, seiner berühmten Formulierung zufolge, nichts anderes als »das Entréebillett zur europäischen Kultur« – also auch zur deutschen. Da allerdings erwies sich dieses Dokument als wenig nützlich: Heine muß eine Enttäuschung nach der anderen erlebt haben, denn: »Ich bin jetzt bey Christ und Jude verhaßt. Ich bereue sehr, daß ich mich getauft hab'. Ich seh' noch gar nicht ein, daß es mir seitdem besser gegangen sey, im Gegenteil, ich habe seitdem nichts als Unglück.«

Diesen sozialen Zwang zur Taufe geißelt er später als »modernen Scheiterhaufen« und kann gar nicht begreifen, daß ein Jude aus innerem Antrieb Christ werden wolle. Halb zynisch, halb autobiographisch heißt es in seinem Gedicht, »Einem Abtrünnigen« gewidmet:

»Und Du bist zu Kreuz gekrochen
zu dem Kreuz, daß Du verachtest.«

Auch nach seiner Taufe erging es ihm wie später Kurt Tucholsky, der anno 1935 im schwedischen Exil schrieb: »Ich bin im Jahre 1911 aus dem Judentum ausgetreten – und ich weiß jetzt, daß man das gar nicht kann.« Beim alten, kranken Heine klingt das noch klarer: »Ich mach keinen Hehl aus meinem Judentum, zu dem ich nicht zurückgekehrt bin, da ich es niemals verlassen habe.«

Klingt das nicht wie eine trügerische Doppelzüngigkeit? Keineswegs! Daß er sich zwar taufen ließ – wobei er immer wieder das Passivum dieser Handlung betonte –, ohne jedoch zur Kirche überzutreten, bewies nicht nur seine militante Kirchenkritik, sondern insbesondere sein Jesusbild, das so gut wie nichts mit Christologie noch mit Trinität zu tun hat. Heine wurde niemals Christ, sondern war ein Jesuaner. Für ihn sollte der Rabbi von Nazareth zur Glaubensbrücke werden, um sein gebürtiges Judentum und sein »angetauftes« Christsein zur einenden Synthese zu verschmelzen.

Wie eine Mutter für ihr Kind nicht nur einen Namen hat, sondern mehrere; wie Liebende sich mit immer neuen Namen benennen, so ergeht es Heine, wenn er von Jesus schreibt. Seine bunte Palette von Jesusbildern entspringt aber auch dem jüdischen Widerwillen gegen ein einziges festgeschriebenes, dogmatisch erstarrtes Bildnis, das nicht mehr entwicklungsfähig ist. Indem Jesus für Heine bald zum großen Mystiker und Märtyrer, bald zum Befreier oder Erlöser wird, der an seiner grenzenlosen Selbsthingabe zugrundegeht, erfährt er ihn als den festen Seelenanker für all seine Hoffnungen, Träume und Enttäuschungen und, nicht zuletzt, als die Versöhnung all jener Widersprüche, die ihn zeitlebens zerfleischt haben. Als »Befreier der Völker« war Jesus der Mann, der für Heine Theologie und Politik zu einer Art von revolutionärer Theo-Politik verbinden konnte. Indem er die Exegese seinen eigenen Spielregeln unterwarf, konnte er seinen Jesus sogar zum »Göttlichen Kommunisten« umfunktionieren, dessen Wort vom Kamel und dem Nadelöhr das Himmelreich zum Monopol der armen Schlucker gemacht hat.

»Einen braven Soldaten im Befreiungskrieg der Menschheit« hat sich Heine 1829 einmal genannt. Das war er wirklich. In all seinen Visionen von der besseren Gerechtigkeit, in all seinen abgrundtiefen Enttäuschungen fand er letztlich in Jesus auch den großen Glaubensgenossen und Leidensgefährten, dessen Passion er jenseits aller Polemik mit redlichem Galgenhumor betrauert. Fast alles, was Heine hier über Jesus sagt, gilt auch für ihn selbst – nicht zuletzt die schleichende Resignation, der Weltschmerz – die Europamüdigkeit, wie er sie nannte – und die frustrierte Liebe, die sich in Aberwitz Luft zu machen sucht. Als er im Morgenrot am Wegrand das Bild des Gekreuzigten erblickt, da stöhnt in ihm das ganze Elend seines wunden Judentums. Und so schreibt er:

»Mit Wehmut erfüllt mich jedesmal
dein Anblick, mein armer Vetter,
der du die Welt erlösen gewollt,
du Narr, du Menschheitsretter! –
Ach! hättest du nur einen anderen Text

zu deiner Bergpredigt genommen,
besaßest ja Geist und Talent genug,
und konntest schonen die Frommen! ...
Geldwechsler, Bankiers hast du sogar
mit der Peitsche gejagt aus dem Tempel –
unglücklicher Schwärmer, jetzt hängst du am Kreuz
als warnendes Exempel!« – –

Heine war beschnitten und getauft – wie Jesus es war, dem er bis zum Lebensende Glauben geschenkt hat. Nicht als »Gottessohn« noch als Weltenheiland, wohl aber als Vorbild der Menschlichkeit, der Nächstenliebe und der selbstlosen Hingabe für die anderen. Wenn nicht alles trügt, so scheint dieser erzirdische, urjüdische Jesus, den Heine so sehr liebte, dem ursprünglichen Nazarener viel näher zu stehen als so manche Lichtgestalt der weltentrückten Kirchenbilder. Wie dem auch sei, der jüdische Jesus half ihm in seiner unvollendeten Suche nach einer Antwort auf das ewige Rätsel der Theodizee.

Häufig mißverstanden und zu Unrecht verpönt wurde von Heine-Spezialisten jenes blasphemisch-klingende Gedicht, mit dem er anno 1853 seinen Lazarus-Zyklus einleitet. Er stellt die Gottesfrage in einer Kraßheit, die nur einer aufbringen kann, der lange mit Gott zu ringen hatte und nun endlich gelernt hat, mit Fragen auszukommen, auf die es hienieden keine Antworten gibt. Wenn er dann dennoch aufmuckt, so ist das weder Lästerung noch A-Theismus, sondern gehört zur ältesten, jüdischen Bibeltradition. »Herr, ich muss mit Dir rechten!« So sagt Jeremia zu Gott: »Warum geht's doch den Gottlosen so gut, und die Abtrünnigen haben alles in Fülle?« (Jer 12,1–2) »Wie lange soll ich noch schreien – und Du willst nicht hören?« So lautet der Vorwurf Habakuks an seinen Schöpfer: »Warum lässt Du mich Bosheit sehen, und Du siehst all dem Jammer zu?« (Hab 1,1–2) Seit diesem Prophetenprotest gehört es zum Urgestein des Judentums, mit Gott zu hadern, das Menschenrecht vom Himmel einzuklagen und Einspruch zu erheben gegen die schmerzlichen Risse im Weltgebäude – bis hin zum Rand der Rebellion.

Nirgends ist Heine jüdischer noch bibelfester; in keinem Aufschrei seiner tobenden Brust wird er dem streitbaren Namen »Israel« gerechter als in seiner empörten Frage über das Leiden der Menschheit. Die Sprache ist bitter und aggressiv. Der Ton, wie immer, spöttisch und gequält zugleich. Jesus, als leidender Gottesknecht, verkörpert hier das Elend allen Menschentums. Aber gerade hier, vor dem Abgrund der Trostlosigkeit, wird die Klage nicht zur Anklage. Am Ende bleibt nur noch das »Wir« aller Gotteskinder – und Gott bleibt, allem Elend zum Trotz, »unser Herr«. Um hier, hinter all der gereizten Verzweiflung, die leise Stimme eines keimenden Glaubens herauszuhören, bedarf es jüdischer Hellhörigkeit. Dieser kahle Hiobstext an sich will doppelbödig gelesen und verstanden werden:

»Lass die heil'gen Parabolen,
lass die frommen Hypothesen –
Suche die verdammten Fragen
Ohne Umschweif uns zu lösen!

Warum schleppt sich blutend, elend
unter Kreuzlast der Gerechte,
während glücklich als ein Sieger
trabt auf hohem Roß der Schlechte?

Woran liegt die Schuld? Ist etwa
unser Herr nicht ganz allmächtig?
Oder treibt er selbst den Unfug?
Ach, das wäre niederträchtig!

Also fragen wir beständig
bis man uns mit einer Handvoll
Erde endlich stopft die Mäuler –
Aber ist das eine Antwort?« –

Eine Antwort hat Heine zu guter Letzt dennoch gefunden – gegen Ende seiner turbulenten »Lebensfahrt«. In seinen Herbstjahren, konnte er mit Stolz, ja mit Trotz behaupten: »Ich habe den Weg zum Lieben Gott weder durch die Kirche noch durch die Synagoge genommen. Es hat mich kein Priester, es hat mich kein Rabbiner vorgestellt. Ich habe mich selbst bei IHM eingeführt – und ER hat mich gut aufgenommen.« Dieses Geständnis Heines ist gut antiklerikal gemeint, aber entspricht dem Tatbestand nicht ganz. Auf seinem langen Umweg zu Gott hatte er nämlich auf der letzten Durststrecke zwei bewährte Wegweiser: Das Leid – und die Bibel, die er gerne »die Memoiren Gottes« nannte. Kurz nach den Unruhen des Jahres 1848 erkrankt er so schwer, daß er die Pariser Wohnung nicht mehr verlassen kann, bis daß er, gelähmt, acht Jahre bis zu seinem Tode (1856) an »die Matratzengruft« gefesselt bleibt. In diese Zeit fällt seine »Bekehrung«, wie er sie selber nennt, über die man schon damals viel gerätselt hat. Was ihn zur Umkehr bewegt hat, zur Abkehr von fremden Göttern, zur Rückkehr zum Glauben der Väter und zur Heimkehr zu sich selbst, beschreibt er mit bestechender Schlichtheit: »Ich verdanke meine Erleuchtung ganz einfach der Lektüre eines Buches – Eines Buches? Ja, und es ist ein altes, schlichtes Buch, bescheiden wie die Natur, auch natürlich wie diese; ein Buch, das werkeltätig und anspruchslos aussieht wie die Sonne, die uns wärmt, wie das Brot, das uns nährt ... und dieses Buch heißt auch ganz kurzweg das Buch, die Bibel. Mit Fug nennt man diese auch die Heilige Schrift; wer seinen Gott verloren hat, der kann Ihn in diesem Buche wiederfinden, und wer Ihn nie gekannt, dem weht hier entgegen der Odem des »Göttlichen Wortes«. – Was den Bettlägerigen bewegt, ist ein gründliches Nachdenken über die Natur des Menschen schlechthin: »Im Wonnemonat des vorigen Jahres mußte ich mich zu Bett legen, und ich bin seitdem nicht mehr aufgestanden. Unterdessen, ich will es freimütig gestehen, ist ein große Umwandlung in mir vorgegangen. Ich bin kein Göttlicher Zweifüßler mehr; ich bin nicht mehr ›der freieste Deutsche nach Goethe‹, wie mich Ruge in gesünderen Tagen genannt hat ... ich bin jetzt nur ein abgezehrtes Bild des Jammers, ein armer, totkranker Jude.«

Dieser arme, todkranke Jude, der sich nun in der Barmherzigkeit Gottes geborgen weiß, widerruft ganz »unumwunden« all seine Lästerungen als Jugendeselei – ja, daß alles, was er einst zur

»großen Gottesfrage« zu sagen hatte, »ebenso falsch wie unbesonnen« war. Mit zitternder Hand schreibt er: »Zum größten Ärgernis meiner aufgeklärten Freunde, die mir Vorwürfe machen über dieses Zurückfallen in den alten Aberglauben, wie sie meine Heimkehr zu Gott zu benennen belieben ... habe ich mit Dem Schöpfer Frieden gemacht ... Ja, ich bin zurückgekehrt zu Gott!« So jubelt er. Das himmlische Heimweh überfiel ihn und trieb ihn – wie er betont – weder zur Schwelle irgendeiner Kirche oder gar in ihren Schoß, sondern in die Arme Des Einen Gottes. Der ausgebliebene Segen, dem er zeitlebens nachgejagt hatte, wurde ihm in seiner Pariser Passionszeit doch noch geschenkt.

Zu Ende seines streitbaren Lebens steht Heine zwischen beiden Konfessionen: Er verbirgt sein Judentum keineswegs, aber macht auch seinen Übertritt zum Christentum nicht rückgängig. Über alle Zweifel, Zwiespälte und Anfechtungen hinweg, in denen er sich selbst so oft zur Last geworden war, hat er im Leiden jenen Glaubensfrieden gefunden, in dem all seine Gegensätze letzten Endes ihren Zusammenklang finden konnten. Dem inneren Frieden, der über alle Vernunft und Ironie erhaben ist, hat er in der Form seiner eigenen Grabschrift ein unsterbliches Denkmal gesetzt. Wie eine Parabel auf sein ganzes Leben beginnt sie mit einem Bündel von Fragen und klingt mit der Antwort des Glaubens aus:

»Wo wird einst des Wandermüden
letzte Ruhestätte sein?
Unter Palmen in dem Süden?
Unter Linden an dem Rhein?
Werd' ich wo in einer Wüste
eingescharrt von fremder Hand?
Oder ruh' ich an der Küste
eines Meeres in dem Sand?
Immerhin! Mich wird umgeben
Gotteshimmel, dort wie hier,
und als Totenlampen schweben
nachts die Sterne über mir.

An seinem Grabmal in Paris gibt es keinen Hinweis, welcher Religion er angehört habe. Rechtens! Denn er hat ja heimgefunden zu Gott, der über allen Religionen thront.

Häresie heißt Wahl; Skepsis heißt Suche.
So sind wir alle eigentlich
häretische Skeptiker –
oder skeptische Häretiker.

Im Jahrhundert der Völkermorde

Von Armeniern und Juden

»Wer ein einziges Leben rettet, dem wird es angerechnet, als habe er die ganze Welt gerettet. Wer hingegen ein Leben auslöscht, dem wird es angerechnet, als hätte er die ganze Welt zerstört.«

Beim Lesen dieses rabbinischen Leitspruchs aus dem Talmud beschleicht uns die Wehmut, wenn wir der Opfer des Armenozids und des Holocausts inmitten eines aufgeklärten Europas des 20. Jahrhunderts gedenken. 1990 jährte sich zum 75. mal der Völkermord am ältesten christlichen Volk auf Erden. In Anbetracht der Leiden, denen die Überlebenden und ihre Nachfahren auch heute noch ausgesetzt sind, wollen wir diese Monographie der Passion ihres Volkes widmen. Diese Passion war der Vorläufer und das Schulbeispiel für den späteren, noch blutigeren Massenmord an den Juden.

»Die Regierung hat beschlossen, alle in der Türkei lebenden Armenier zu vernichten. Ohne Rücksicht auf Frauen, Kinder und Kranke muß die Existenz der Armenier spurlos liquidiert werden, wie brutal auch immer die zu diesem Zweck erforderlichen Schritte oder Mittel auch sein mögen.« Mit dieser Depesche des damaligen türkischen Innenministers Talaat Pascha aus dem Jahre 1915 an die Gouverneure von sechs Provinzen begann das, was später als »Armeniergreuel« in die Weltgeschichte eingegangen ist.

Mit einer Razzia in der Nacht des 24. April 1915 fing es in Konstantinopel an. Im Jahre 1915 allein wurden über eineinhalb Millionen Armenier im Auftrag der türkischen Regierung umgebracht oder in den Hungertod gejagt. Doch die Blutspur riß nicht ab bis 1922. Ein knappes Drittel des armenischen Volkes, das in der Türkei lebte, konnte überleben, und das nur um den Preis des Übertritts zum Islam oder der panischen Flucht über die nächstliegende Grenze.

Wer sind die Armenier? Aus Europa kommend, ließen sie sich

im 6. vorchristlichen Jahrhundert zwischen dem Hochtal des Euphrates und dem Tiefland Mesopotamiens nieder. Sie waren das erste Volk, das bereits im Jahre 301, vor Rom und Byzanz, das Christentum als Volksreligion angenommen hat. Wohl deshalb wurden sie immer wieder verfolgt. (Nicht von ungefähr bezeichneten die Armenier bis vor kurzem ihre Sowjetische Kleinrepublik als »ersten christlichen Staat«.) Die Türken gewährten ihnen eine gewisse Lokalautonomie, aber ihre Lage verschlechterte sich seit dem 18. Jahrhundert zusehends. Mit dem schrittweisen Verfall des Osmanischen Reiches, daß infolge des russisch-türkischen Krieges 1877/1878 starke territorielle Verluste zu verkraften hatte, wurde die Unterdrückung der armenischen Minderheit immer spürbarer.

Als die damaligen Großmächte trotz des Machtkampfes miteinander beschlossen, den »kranken Mann am Bosphorus« zu unterstützen, erklärten sie sich zu den »Schutzherren« der christlichen Armenier, um ihre Einmischungspolitik religiös und kulturell zu legitimieren. Zu Notzeiten aber, als die Beschützung der Armenier zur Überlebensfrage geriet, wurde dieser »Schutzherrschaft« fast niemals tatkräftiger Ausdruck verliehen. Die Repräsentanten der christlichen Mächte in der Türkei berichteten zwar über alle anti-armenischen Ausschreitungen an ihre Außenämter, die sich jedoch jeder klaren Stellungnahme enthielten.

»Die systematische Niedermetzelung der aus ihren Wohnungen deportierten Armenier hatte in den letzten Wochen einen solchen Umfang angenommen, daß eine erneute eindringliche Vorstellung unsererseits gegen dieses wüste Treiben, das die Regierung nicht nur duldete, sondern offensichtlich förderte, geboten schien – zumal da an verschiedenen Orten auch die Christen anderer Rassen und Konfessionen nicht mehr verschont blieben.« So lesen wir in einer Depesche der kaiserlich-deutschen Botschaft in Konstantinopel vom 12. August 1915 an den Reichskanzler von Bethmann Hollweg.

Das Wort Genozid ist heutzutage so überstrapaziert, daß es kaum noch den tausendfachen Schrecken evoziert, der sich dahinter verbirgt. Man muß Franz Werfels Buch über »Die 40 Tage des

Musa Dagh« lesen, um wieder einen Begriff zu bekommen, wie es wirklich war: »Ein generalstabsmäßig geplanter und kaltblütig durchgeführter Massenmord an einer religiösen Minderheit«, wie der Jude Werfel das Drama zusammenfaßt. Die Apathie der westlichen Welt variierte von leeren Mitleidsbekundungen über die Bagatellisierung der Tatsachen bis hin zum tendenziösen Totschweigen der Untaten. Sie ermutigte nicht nur die Türken, sondern bestärkte auch Hitler, eine Generation später, den Juden ein ähnliches Schicksal zu bereiten.

Daß »Deportation« und »Umsiedlung« lediglich Decknamen für den Zwangstransport in den sicheren Tod waren, lesen wir in der Geheimanweisung des türkischen Innenministers Talaath vom 15. November 1915 an die Distriktsgouverneure. Dank der blitzartigen Eroberung der Stadt Aleppo durch die britischen Streitkräfte General Allenbys blieb das Dokument erhalten. Dort heißt es: »Es ist zu vermeiden, daß die Aktionen (Arrest und Deportation) Aufmerksamkeit erwecken ... Aus Gründen unserer Außenpolitik ist es wichtig, daß Ausländer, die in diesen Gegenden wohnhaft sind, überzeugt werden, daß es sich bei der Vertreibung der Armenier lediglich um eine Umsiedlung handelt. Zu diesem Zweck muß, des Anscheins halber, vorübergehend rücksichtsvolle Behandlung geübt werden ...« Was wirklich geschah, hören wir von dem Juden Henry Morgenthau, dem damaligen amerikanischen Botschafter in Konstantinopel: »Das abscheulichste Verbrechen der Weltgeschichte«, so betitelte er seinen Bericht über die berüchtigten »Todesmärsche« als Mittel zur Lösung der »Armenierfrage«.

Über einen der Zusammenhänge zwischen dem Armenozid und dem Holocaust an den Juden berichtet Louis P. Lochner, der ehemalige Bürochef der AP in Berlin, in seinem Buch »What about Germany?« (London 1942): Eine Woche vor Ausbruch des II. Weltkrieges, als Hitler seine Generäle aufforderte, erbarmungslos seinen Plan zur ›Sonderbehandlung‹ von Polen und Juden durchzuführen, bemerkte einer der Generäle, man würde vielleicht eines Tages Rechenschaft für diese Untaten ablegen müssen.« Hitler erwiderte hierauf, gemäß des Berichts von Lochner: »Unsere Macht besteht in unserem Tempo und in unserer Brutalität ...

Schließlich und endlich, wer spricht heute noch von der Vernichtung der Armenier? ... Die Welt glaubt nur an Erfolge.«

In den Worten des armenischen Historikers Dickran H. Boyajian: »Hätten die siegreichen Alliierten 1918 die türkischen Massenmörder vor Gericht gestellt, wie es 1945 in Nürnberg mit den deutschen geschah, wären vielleicht sechs Millionen Juden und viele Millionen anderer Naziopfer am Leben geblieben.«

Diesen kausalen Zusammenhang bestätigt auch Armin T. Wegner, der als Sanitätsoffizier im Stabe des deutschen Feldmarschalls von der Goltz zum unwilligen Augenzeugen des Armenozids geworden war. Dieser »Dichter gegen die Gewalt«, wie er von Freunden benannt wurde, war der Verfasser der armenischen Leidenschronik »Weg ohne Heimkehr« – sowie der furchtlose Photograph ihrer nationalen Tragödie. (Im Jahre 1935 trat er übrigens in einem offenen Brief an Hitler für die Juden ein – wofür er jahrelang im KZ zu leiden hatte.) Auf seinen ergreifenden Bericht über den »Todesgang der Armenier«, den er kurz nach Ende des I. Weltkrieges veröffentlicht hatte, bezieht er sich 1966 in seiner historischen Rückschau: »Hätten die Siegermächte beim Abschluß der Friedensverträge 1918/19 die Verantwortlichen für die Vernichtung der Armenier zur Rechenschaft gezogen, wäre uns vielleicht der Anblick des Strafgerichts von Nürnberg 1945/46 erspart geblieben.«

Ebenso sollte auch der deutsche Pastor Dr. Johannes Lepsius (1858–1926) nicht vergessen werden. Ihm gelang es, die »Umsiedlung« so mancher Armenier zu verhindern, oder ihr Schicksal zumindestens zu mildern. Als Beauftragter etlicher evangelischer Kirchen in Deutschland verbrachte er einige Jahre in der Türkei, um armenische Gemeinden zu betreuen. Als seine weiteren Bemühungen um seine Schützlinge scheiterten, durchreiste er Europa, um Spenden zu sammeln für Witwen, Waisen und andere Überlebende des Massenmordes. Sein »Bericht über die Lage des Armenischen Volkes in der Türkei« (1917) erhielt keine Druckerlaubnis in Deutschland und mußte daher »als Manuskript gedruckt« verbreitet werden. Franz Werfel würdigt diesen selbstlosen Armenier-Freund ausführlich in seinem Roman.

Leid läßt sich nicht vergleichen oder gegeneinander aufwiegen. Der Schmerz jedes Opfers der Gewalt – sei es Armenier oder Jude – muß uns gegenwärtig bleiben. Daran ändert auch die Tatsache nichts, daß der Holocaust an den Juden alles Vorherige überboten hat: in der Effizienz und der Organisation seiner Durchführung; in der hermetischen Abriegelung aller Fluchtwege; ja sogar in der Aberkennung aller Religionsübertritte – rückwirkend bis ins dritte Geschlecht. Dessen ungeachtet hatte der Holocaust Vorläufer – und könnte auch Nachahmer finden.

Zurück nun zu den Berichten aus dem I. Weltkrieg: Im Zionistischen Archiv in Jerusalem befindet sich die Photokopie eines offiziellen Schreibens, das der päpstliche Nuntius in München am 16. November 1917 dem Bayerischen Außenminister vortrug: »Der unterfertigte Apostolische Nuntius hat die Ehre mitzuteilen, daß die Israelitische Gemeinde der Schweiz den Hl. Vater gebeten habe, sich für die Erhaltung der Heiligen Orte und der jüdischen Bevölkerung von Jerusalem zu verwenden. Seine Eminenz, der Kardinal Staatssekretär, hat nun den Unterzeichneten beauftragt, im Namen Seiner Heiligkeit mit aller Sorgfalt bei der Kaiserlichen Regierung im gewünschten Sinne sich zu bemühen. Der Unterzeichnete ersucht daher Euere Excellenz zur Erreichung des Zweckes bei den zuständigen Behörden all Ihre guten Dienste nachdrücklich aufzubieten.

Im Voraus dankend, zeichnet ...

Eugenio Pacelli, Erzbischof von Sardi,
Apostolischer Nuntius.«

In unserer schnellebigen Zeit, in der viele Menschen kein Gespür für historische Zusammenhänge mehr haben, lohnt es sich, darauf hinzuweisen, daß sich unter dem Namen Eugen Pacelli natürlich der spätere Papst Pius XII. vorstellt. Es wird berichtet, daß er sich seinerzeit – nach Abfassung dieses Briefes – auch weiterhin um die Rettung der palästinensischen Juden bemüht hat.

Nach den Armenien-Massakern von 1916 und nach den Massenvertreibungen von Juden aus Tel Aviv im Frühling 1917, die beide von dem gleichen Dschemal Pascha befohlen worden waren, waren die Gefahren, gegen die Pacelli appellierte, tatsächlich sehr bedrohlich. Dschemals erbarmungslose Unterdrückungspolitik hatte ja schon zur Hinrichtung vieler Hunderte von Geiseln und zur planmäßigen Zerstörung von Häusern, Straßen, Obstgärten und Ernten in Palästina geführt. Ein Brief, den Dr. Thon, der damalige Leiter des Zionistischen Büros in Jerusalem, kurz vor der friedlichen britischen Besetzung Jerusalems schrieb (1917), bestätigt die dramatische Lage: »... Eine besonders glückliche Fügung war es, dass in den letzten kritischen Tagen General von Falkenhayn den Oberbefehl hatte. Dschemal Pascha hätte im Falle eines Widerstandes – wie er es oft in Aussicht gestellt hatte – die Bevölkerung des ganzes Gebietes verjagt und das Land in eine Ruine verwandelt. ... Wir und die gesamte übrige Bevölkerung, sowohl die christliche als auch die muslimische, müssen mit tiefer Dankbarkeit an Pacelli denken, der durch Verhinderung einer geplanten vollständigen Evakuierung dieses Gebietes die Zivilbevölkerung vom Untergang bewahrt hat.« Mit anderen Worten: Nuntius Pacelli hatte das moralische Recht zu seiner Überzeugung, daß er mitgewirkt hat, die Jerusalemer Juden vor dem fast gewissen Untergang bewahrt zu haben.

In der Tat, eine historische Episode, die in der heutigen Rückschau mehr Aufmerksamkeit verdient, als sie bislang erhalten hat. Trotz dieser Lichtblicke in der tiefen Nacht des damaligen Elends fällt es dem geschichtsbewußten Juden und dem Armenier schwer, über den Völkermord ohne gefühlsmäßige Selbstidentifikation mit den Opfern zu sprechen.

Doch gerade dieser Emotionalismus hat seine pädagogischen Nachteile, wie Ch. Schatzker feststellt: »Unsere konzeptuelle Ohnmacht angesichts der abgrundtiefen Ereignisse führte zu einer Verteufelung der Mörder, die in manchem dem Begriff des mittelalterlichen »Teufels« ähnelt – in seiner Verkörperung der Kräfte des Bösen, die der Mensch fürchtet, verdrängt, verabscheut oder haßt. Er bekämpft sie zwar, jedoch kann er sie mit seinem Verstand nicht erfassen, noch in seine Geisteswelt einordnen ... Diese Verallgemeinerung widerspricht nicht nur der wissenschaftlichen Forschungsmethode, »sondern behindert auch die erzieherische Aufklärung der Katastrophe – denn vom Teufel kann man ja weder lernen noch Schlußfolgerungen von ihm auf Menschen übertragen. Jede Dämonisierung ist eine Fixation des Bösen in einem äußeren Objekt – anstatt das Böse in der Seele der Menschen selbst zu suchen, und so zu versuchen, seine Ursprünge zu verstehen und seine Wirkungen zu analysieren.«

Unser aller Anliegen muß es sein, durch erzieherische Bemühungen, persönliches Vorbild und Abbau von Vorurteilen und Feindbildern ähnliche Katastrophen in der Zukunft zu verhindern oder im Keime zu ersticken. Wenn wir den Armenozid, den Holocaust und das Elend, das die Nazis auf viele Millionen von anderen Menschen gebracht haben, als Satanswerk, als Blitz aus heiterem Himmel, total getrennt vom historischen Hintergrund lehrten, so würden wir das wahre pädagogische Ziel verfehlen. Sobald wir die Entwicklungen aber als grausigen Gipfel einer langjährigen Verkettung von Ursachen und Wirkungen verstehen, an der Tausende Menschen teilnahmen und andere Massen untätig zusahen, dann erst wird der Schüler die Katastrophe in ihren wirklichen Dimensionen begreifen: ein Meilenstein in der Geschichte der Unmenschlichkeit – entsetzlich, aber dennoch vermeidbar.

Häufig wird in atheistischen Kreisen die Frage gestellt: Aber wo war Gott in Auschwitz oder in Anatolien? Ist es nicht an der Zeit, von mündigen Bürgern des ausgehenden 20. Jahrhunderts erwarten zu dürfen, keinen Lückenbüßer-Gott zu benötigen, um die eigenen Schwächen und Missetaten zu verdrängen und zu verlagern? Im Ebenbilde Gottes geschaffen und mit der schrecklichen Freiheit der Wahl zwischen Gut und Böse ausgestattet, so steht der Mensch, der Freigelassene der Schöpfung, vor uns. Das aber bedeutet: Verantwortung zu tragen und sich den Folgen von Taten und Unterlassungen zu stellen, ja, Segen und Fluch zu bewältigen. Alles ist in Gottes Hand – aber ein Polizist der Weltgeschichte ist ER nicht.

Ewig gültig bleiben die drei Grundfragen, die ER in der Genesis-Geschichte stellt:

– Wo bist Du, Adam?
– Was hast Du getan, Eva?
– Wo ist Dein Bruder, Kain?

Wir alle werden ständig in Frage gestellt:

- Warum versteckst Du Dich im Gestrüpp der Ausreden und Schuldverschiebungen, Du Adamskind?
- Bist Du Dir der Tragweite Deiner Taten und Unterlassungen vollauf bewußt, Du Evaskind?
- Weißt Du nicht, daß Du, Kainskind, zum Hüter und Betreuer Deines Nächsten bestimmt worden bist?

Die beispielhafte Antwort finden wir bereits bei Abraham, der auch die schwersten Berufungen mit *Hinneni* (Hier bin ich!) zu akzeptieren wußte – und bei David, der zur tatkräftigen Buße und Umkehr nach begangener Missetat bereit war. Dies wären die bewährten Bausteine für eine Immunisierung der heutigen Jugend gegen die Gefahren einer Ideologisierung des Nächstenhasses. Es darf keine Kollektivbeschuldigungen geben – es kann aber andererseits auch keine Kollektiv-Entschuldigung gelten.

»Die Armenische Frage existiert nicht mehr!« Das war die lakonische Feststellung von Talaat Pascha im September 1915. Mit derselben apodiktischen Endgültigkeit wurde bekanntlich »die Endlösung der Judenfrage« im III. Reich verkündet. Auch die Sprache wird in beiden Fällen des Massenmordes vergewaltigt: Entjudung, Ottomanisierung, Eindeutschung, Endlösung, Arisierung, Umsiedlung, Totalislamisierung, Türkifizierung, rassische Homo-Genisierung, ethnische Säuberung. Sind diese Begriffe nicht menschenverachtende Bezeichnungen, die ganze Völker und ihre Existenz in Frage stellen? Erschütternd kurz ist die Spanne zwischen Feindbildern und Vorurteilen bis zur Entrechtung und zum Blutvergießen. Moralischer Fortschritt ist leider unendlich langsam und kostet Hekatomben von Blut. Die Rückfälligkeit lauert jederzeit vor der Türe.

Hoffentlich ist die Menschheit zu Ende dieses Jahrhunderts der Völkermorde doch schon so weit, Anfänge des Übels zu erkennen und ihnen rechtzeitig zu wehren – in echter Solidarität mit allen Betroffenen, ohne Unterschied der Herkunft und der Hautfarbe, denn Kinder Gottes sind und bleiben wir ja alle.

Es stellt sich die Frage: Warum ziehen wir eigentlich keinen Schlußstrich unter die Vergangenheit? Wozu an das alte Leid erinnern? Weder um alte Narben aufzureißen noch um Haß zu schüren zwischen Armeniern und Türken, oder zwischen Deutschen und Juden. Nein!

Da aber alle drei Zweige des Monotheismus – Judentum, Christentum und Islam – Gedächtnisreligionen sind, die seit Jahrtausenden die Schlüsselereignisse ihrer Glaubensgeschichte in ihre Liturgien eingliedern und mit ihnen leben, sollten wir auch das Leid unseres Jahrhunderts in den kollektiven Gedächtnis-Schatz einbauen, um es gemeinsam zu verkraften – um einer besseren Zukunft willen – ohne Haß oder Animositäten. In Abwandlung von Bert Brecht:

»Stell Dir vor, es gibt Elend
Und keiner geht hin …
Dann kommt das Elend zu dir …«

Wir sitzen alle im selben Boot und
sind denselben rauhen Winden ausgesetzt.
Wenn wir nicht bald den Weg
zur versöhnten Eintracht in der Vielfalt
finden, könnten wir alle –
Halleluja gegeneinander singend –
miteinander untergehen,
was Gott verhüten möge.

War alles vergeblich?

Deutschlands jüdische Stiefkinder 1914–1918

Da Hitler kein Deutscher war, Napoleon kein Franzose und Stalin kein gebürtiger Russe – waren alle drei psychisch dazu getrieben, ihre eigene Fremdstämmigkeit durch Superchauvinismus zu kompensieren. So wurde der Anstreicher aus Österreich zur Karikatur eines Hyper-Germanen, für den die Deutschtümelei zur Erfüllung seiner krankhaften Wunschträume herhalten mußte. Da aber aus dem bunten Völkergemisch von Slaven, Kelten, Romanen, Hunnen, Tartaren und Legionären aus aller Herren Welt, die sich seit Römerzeiten auf deutschem Boden niedergelassen hatten, kein »Ariertum«, und schon gar keine »Nordische Rasse« sich herauskristallisieren konnte, mußte das Ideal der »Herrenrasse« des Dritten Reiches künstlich erbastelt werden. Das bewerkstelligten Hitlers Rassenideologen nach Photographenart, indem sie vorerst ein Negativbild erstellten, das als finsterer Gegenpol für die deutsche Idealgestalt dienen sollte. Da aber dieses Phantasiegebilde vor allem ein heldenhafter kühner Recke sein mußte, zu dessen Hauptzügen die (angebliche) Bereitschaft zur Selbstaufopferung gehörte, war die Judenkarikatur der Nazis dazu prädestiniert, als mutloser Feigling zur Zielscheibe der öffentlichen Verachtung zu werden. Hiermit konnten viele »Volksgenossen« ihre eigenen Ängste psychologisch sublimieren und auf »die Juden« insgesamt projizieren, womit auch der breiten Masse zu einem billigen Stolz verholfen wurde, da sie sich nun allen Juden überlegen fühlen konnte. Zugleich dienten die Juden der Reichsführung als Blitzableiter und Sündenbock für alle Fehlschläge, Mißerfolge und Untaten des Dritten Reiches.

Wie unverzichtbar Juden für dieses Land einst waren, bezeugt sogar die Travestie des »Ariernachweises« im »Tausendjährigen Reich«. Als »reinrassig arisch« galt damals, wer aus den Kirchenbüchern nachweisen konnte, daß seine Eltern und Großeltern an einen gekreuzigten Juden geglaubt hatten. Als »Untermensch«

hingegen galt jeder, der laut den Karteien der Synagogen den Glauben jenes gekreuzigten Juden teilte. Weder Christentum noch Ariertum konnten also ohne Judentum auskommen, um sich selbst zu definieren. Es dürfte inzwischen bekannt sein, daß die Bezeichnung »Arier« aus der Linguistik stammt und die Sprachen-Familie der Völker Persiens, Indiens und Pakistans umfaßt. Sie hat mit Anthropologie – oder gar mit der sogenannten Rassenkunde – nicht das geringste zu tun. Wie absurd der Begriff »Arier« war, bezeugt schon die Tatsache, daß z. B. die Zigeuner, die im Dritten Reich auch als »Untermenschen« galten, zu der arischen Sprachgruppe gehören – während die Finnen, die in Berlin amtlich als nordisch und als hochwertig arisch eingestuft wurden, keineswegs zu den Ariern gehören.

Es ist leider noch immer nicht überflüssig, darauf hinzuweisen, daß das Judentum keine Rasse darstellt, sondern eine offene Glaubensgemeinschaft ist, in die man seit Jahrtausenden hinein- oder heraus-konvertieren kann. »Antisemitismus ist das Gerücht vom Judentum«, so sagte Max Horkheimer mit Recht. Vor allem vom »Schacherjuden«, vom »Wucherjuden« und vom »feigen Juden«. Das Judenbild und das Deutschenbild wurden dann bei Joseph Goebbels in einen alles beherrschenden Dualismus hineingepfercht.

»Der Jude« – durch die Verwendung des Kollektivsingulars sind alle Juden gemeint – wird dann schon anno 1929 von der Hitlerpropaganda in krasser Schwarz-Weiß-Malerei in der Negation der eigenen »Ideale« und als Negation der eigenen »Kraft« definiert: »Er hat, als Weltfeind, unser Volk geschändet, unsere Ideale besudelt, die Kraft der Nation gelähmt, die Sitten angefault und die Moral verdorben.«

Prominent unter diesen primitiven Kontrastpaaren figurierte immer wieder das Klischee vom deutschen Helden und dem feigen Juden. So z. B. heißt es anno 1925 in der 7. Auflage eines Hetzbuches aus der Feder von Heinrich Class, dem Vorsitzenden des »Alldeutschen Verbandes«: »Wer den Krieg mit Sinn, Verstand und Beobachtungsgabe miterlebt hat, weiß es mit unumstößlicher Gewißheit, daß Juden die Träger, Verbreiter und Treiber der Zersetzung gewesen sind.« Verleumdungen solcher Art gedeihen aber insbesondere auf dem Mutterboden von Unwissenheit, die Mißtrauen erzeugt, Haß gebiert und unvermeidlich zur Gewalttat führt. Zu diesem Mutterboden gehörten auch religiöse und wirtschaftliche Vorurteile und Feindbilder, die die Kirchen jahrhundertelang genährt und gefördert hatten.

Die jüngste deutsche Vergangenheit hat den Ablauf dieser traurigen Kettenreaktion nur allzu deutlich bewiesen. Hier können nur langfristige, unermüdliche Aufklärungsarbeit und persönlicher Einsatz Abhilfe leisten, um eventuellen Neuanfängen aller Art zu wehren. Nur durch faktische Informationen können Feindbilder abgebaut und durch überzeugende Begegnungen Vorurteile korrigiert werden. In diesem Sinne wollen wir uns im Folgenden einmal der Geschichte der Kontrastharmonie zwischen Juden und Christen im Ersten Weltkrieg widmen.

Im Zusammenhang mit dem Völkermord während des Zweiten Weltkrieges wurden häufig zwei angeblich typische Eigenschaften der Juden hervorgehoben: ihr Mangel an Widerstandswille und ihre passive Wehrlosigkeit, mit der sie die Torturen der »Endlösung« über sich ergehen ließen. Können wir aus diesen angeblichen Verhaltensweisen auf jüdische Charakterzüge schließen? Vielerorts werden noch immer allerlei oberflächliche Schlußfolgerungen gezogen. Zutiefst gesehen aber sind die meisten Behauptungen nicht zutreffend. So zum Beispiel leisteten die im Warschauer Ghetto eingeschlossenen Juden gegen eine gewaltige Übermacht von SS-Truppen einen längeren, wenn auch verzweifelten, Widerstand als die französische Armee gegen die Deutsche Wehrmacht. Und dies trotz Aushungerung, Seuchen und Mangel an Waffen jedweder Art im umzingelten Ghetto. Um nur noch ein Beispiel zu erwähnen: Im Vernichtungslager Sobibor tobte ein jüdischer Aufstand, der so brutal niedergeschlagen wurde, daß nur eine Handvoll Überlebender davon berichten konnte.

Das Fazit: Die Juden im Machtbereich Hitlers gingen keineswegs wie Schafe zur Schlachtbank, obwohl sie jahrelang zuvor ihrer Menschenwürde beraubt wurden und – von allen verlassen – völlig vereinsamt dahinvegetierten.

Wo aber können wir ein authentisches Bild des deutschen Judentums in unserem Jahrhundert erlangen? Juden also, die hierzulande bodenständig waren und Deutschland als ihre Heimat erachteten. Die Geschichte des Ersten Weltkriegs, die heute fast in Vergessenheit geraten ist, mag uns hier ein ganz anderes Gemälde präsentieren – auch betreffs der seltsamen »Liebesaffäre« zwischen deutschen Truppen und den sie als Befreier begrüßenden Juden in Polen. Wir müssen endlich die bekannten Verleumdungen mit den überprüften Tatsachen konfrontieren: Im Ersten Weltkrieg trugen ungefähr 100000 Juden deutsche Waffen. Unter ihnen waren über 10000 Freiwillige! Mehr als 30000 wurden mit hohen und höchsten Auszeichnungen geehrt. 12130 Mann fielen für Deutschland – das sind mehr Soldaten und Offiziere als in vier Kriegen Israels ihr Leben ließen. Der jüngste Freiwillige im ganzen Reich war der dreizehnjährige Josef Zippes.

Der erfolgreichste jüdische Jagdflieger war Wilhelm Frankl, der mit 16 Luftsiegen an der Spitze der jungen Luftwaffe stand, ehe er anno 1917 abgeschossen wurde. Zu den »Alten« gehörte Reichstagsabgeordneter Ludwig Frank, das anerkannte Haupt der Sozialdemokraten in Baden. »Ich weiß nicht, ob die französischen Kugeln meine parlamentarische Immunität anerkennen«, so schrieb er nach Hause von der Front in Frankreich, »mein sehnlichster Wunsch ist es, den Krieg zu überleben und dann am Innenbau des Reiches mitzuschaffen. Aber jetzt ist für mich der einzig mögliche Platz in der Linie – in Reih und Glied«. Dort fiel er auch am nächsten Tag. Zur sogenannten Kriegsliteratur gehört auch der Brief von Leutnant Fritz Mayer an seine Frau betreffs der Judenhetze in der Etappe: »Daß leider Gottes in der Heimat die ehrlosen Stimmen der Verleumdung nicht verstummt sind, kann uns nicht entmutigen ...« So tönt die Empörung aus seinen Zeilen: »Was wollen sie denn mehr als unser Blut? Mögen sie doch an unseren gefallenen Glaubensbrüdern ihre Rassen-Studien betreiben! Die feindlichen Kugeln machen sich mit solcher Unterscheidung keine Mühe.« Zwei Wochen später war auch er gefallen.

Anno 1916 wurde im Heer auf Antrag zweier antisemitischer Reichstagsabgeordneter eine »Judenzählung« durchgeführt – mit dem absichtlich beleidigenden Klang dieser Vokabel aus dem Mittelalter. Als es sich dabei herausstellte, daß das Verhältnis der Frontsoldaten zu den sogenannten »Etappen-Hasen« unter den Juden höher war – zugunsten der Front – als unter den Christen, wurde die amtliche Statistik nicht mehr veröffentlicht. Dies ermöglichte es der Boulevard-Presse im Herbst 1918, falsche Zahlen zu erdichten, um »die Juden« der Preistreiberei, des Lebensmittelwuchers, – und zuletzt auch »des Dolchstoßes in den Rücken ihrer Heimat« zu bezichtigen; ein fadenscheiniger Prätext, dem das Kaiserreich nach 1918 seine Niederlage zuschreiben konnte. Deutschland hatte ja gar nicht den Krieg verloren, so hieß es bereits lange vor Hitler, die Juden hatten das Reich um den Sieg geprellt. »Überall grinst ihr Gesicht, nur im Schützengraben nicht«, so lesen wir in einer von Ludendorff unterstützten Hetzschrift.

Über diese Gesinnung, die zum Wegbereiter des Dritten Reiches geworden ist, schrieb schon anno 1921 der jüdische Schriftsteller Jakob Wassermann in tiefster Resignation: »Es ist vergeblich, das Volk von Dichtern und Denkern im Namen seiner Dichter und Denker zu beschwören. Es ist vergeblich, die rechte Wange hinzuhalten, wenn die linke geschlagen wird. Es rührt sie nicht! Sie schlagen auch die rechte. Es ist vergeblich, in das tobsüchtige Geschrei Worte der Vernunft zu werfen. Sie sagen: Was! Er wagt es aufzumucken? Es ist vergeblich, die Verborgenheit zu suchen. Sie sagen: Der Feigling verkriecht sich. Es ist vergeblich, unter sie zu gehen. Sie sagen: Was nimmt er sich heraus mit seiner jüdischen Aufdringlichkeit! Es ist vergeblich, ihnen die Treue zu halten, für sie zu leben und für sie zu sterben. Sie sagen: Er ist halt ein Jude!« Soweit Jakob Wassermann.

Zur Kriegsliteratur gehört auch das »Österreichische Reiterlied« des gefallenen jüdischen Dichters Hugo Zuckermann: »Drüben am Waldesrand hocken zwei Dohlen ...«, das zu einem der beliebtesten Soldatenlieder wurde. Knappe 20 Jahre später mußte es das Schicksal von Heinrich Heines »Lorelei« teilen: Es wurde von Goebbels zum anonymen Volkslied erklärt. Zu den Literati jener schickschalsschweren Epoche gehören auch rund drei Dutzend jüdische Schriftsteller, Poeten, Historiker und Journalisten, deren Werke samt und sonders dem Nazi-Regime zum Opfer fielen. »Artfemd«, »minderwertig« und »undeutsch« – so wurden sie anno 1935 benannt – und verbrannt.

Zu ihnen zählt der bekannte Philosoph und Forscher Hermann Cohen, der schon zu Kriegsbeginn von den Juden in aller Welt »Pietät« und Dankbarkeit gegenüber Deutschland verlangt hatte. Anno 1916 schrieb er voll Enthusiasmus in seinem Buch »Deutschland und Judentum«: »So sind wir in diesen Zeiten eines epochalen Völkerschicksals auch als Juden stolz darauf, Deutsche zu sein … So fühlen wir uns als deutsche Juden in dem Bewußtsein einer zentralen Kulturkraft, welche die Völker im Sinne der messianischen Menschheit zu verbinden berufen ist … Wenn es wieder einmal zum ernstlichen Bestreben nach einem wahrhaft begründeten Völkerfrieden kommen wird, dann wird unser Beispiel als Vorbild dienen dürfen, für die Anerkennung der deutschen Vormacht in allen Grundlagen des Geistes und des Seelenlebens«. Soweit der religiös bewußte jüdische Kantianer aus Marburg.

Noch im Juni 1914, als die Schüsse von Sarajewo jene Kettenreaktion auslösten, die zum Ersten Weltkrieg führte, reiste Albert Ballin, Vertrauter des Kaisers und jüdischer Reeder aus Hamburg, nach England – in der Hoffnung, das Verhängnis doch noch abzuwenden. All seine persönlichen Beziehungen in Schiffahrtskreisen und in der »Admiralty« in London brachte er ins Spiel, um wenigstens England vom Kriegseintritt abzuhalten. Vergebens. Als er die Organisation des sog. »Reichseinkaufs« übernahm, der für die gesamte Versorgung der Zivilbevölkerung verantwortlich war, war es an der Zeit, ihn zum Minister zu ernennen. Zweimal gab man ihm zu verstehen, daß ein Portefeuille auf ihn warte – sobald er sich taufen lasse. Aber das wollte er nicht. So blieb Ballin Jude – ohne Kabinettsposten und ohne den Einfluß, den er seiner Strategie zu geben hoffte. Vier Jahre und drei Monate dauerte der Krieg. Ballin mußte erleben, wie sich alle seine düsteren Ahnungen bewahrheiteten: Wie die Kriegsflotte tatenlos in den Häfen lag, wie die deutschen Handelsschiffe gekapert, versenkt, als Hilfskreuzer ausgerüstet und zusammengeschossen wurden; wie die Heimat hungerte und 4 Millionen Soldaten fielen – wie die Armee geschlagen zurückkehrte und das Kaiserreich zuende ging. Am 9. November 1918 nahm er sich das Leben, das mit dem Untergang seines Vaterlandes sinnlos geworden war.

Zwei Tage nach der Mobilmachung am 30. Juli 1914 erließ der »Centralverein Deutscher Staatsbürger jüdischen Glaubens« am 1. August 1914 den Aufruf an die deutschen Juden, »ihr Vaterland zu verteidigen«, wie es wörtlich in der Verlautbarung hieß. Zehntausende bezeugten binnen drei Monaten ihre uneingeschränkte Loyalität. Das Bemühen, durch den Einsatz sowohl die volle Gleichberechtigung als auch die Eigenständigkeit als überzeugte Juden zu erringen, war gleichsam die Leitlinie in der gesamten deutsch-jüdischen Presse während des Ersten Weltkrieges. Dieses Programm hat der Unteroffizier Josef Zürndorfer aus Rexingen geradezu klassisch in einem Brief nach Hause formuliert: »Ich bin als Deutscher ins Feld gezogen, um mein bedrängtes Vaterland zu schützen, aber auch als Jude, um die volle Gleichberechtigung zu erstreiten.« In diesem Sinne meldete sich auch der Frankfurter Rabbiner, Dr. Georg Salzberger, freiwillig als Feldrabbiner. Unter dem Eindruck der Tapferkeit jüdischer Soldaten schrieb er im Dezember 1914: »Was auch die Zukunft bringen mag, das Geschlecht, das diesen Krieg erlebt hat, kann in die alten Vorurteile gegen die Juden nicht zurückfallen.« Leider sollte sich diese Hoffnung nicht erfüllen.

»Undank des Vaterlandes« so lautet in der Tat der Titel, unter den die Bundeswehr im November 1982 die Eröffnung ihrer Ausstellung »Deutsche jüdische Soldaten 1914–1945« im Bundestag gestellt hat. Es komprimiert nur allzu trefflich alles Wesentliche in diesen drei vielsagenden Worten. Daß das jüdische Vertrauen auf den so ganz und gar ausgebliebenen Dank des Vaterlandes auch tödliche Spätfolgen haben konnte, bestätigte Georg Leber, der damalige Bundesminister für Verteidigung: »So manche deutsche Juden hätten sich vor KZs und den Gaskammern retten können, wenn sie nicht darauf vertraut hätten, durch ihr Eisernes Kreuz ... geschützt zu sein.«

Zu diesen Opfern gehörten auch etliche Verwandte des jüdischen Bankiers Max Warburg, der in den Verhandlungen, die der deutschen Waffenstreckung 1918 vorangingen, die Vertreter der obersten Heeresleitung beschwor, durchzuhalten. Als er damit keinen Erfolg hatte – es war ja, daran sei erinnert, der spätere wilde Judenfresser Ludendorff, der bei der Kaiserschlacht den Kopf und den Krieg verloren hatte – erklärte Warburg bei der Konferenz beim Reichskanzler: »Es kommt mir seltsam vor, daß ich als Zivilist den Militärs heute zurufen muß: Kämpfen Sie weiter!« – »Ich weiß, daß mein einziger Sohn, der jetzt ausgebildet wird, in vier Wochen im Schützengraben sein wird – aber ich beschwöre Sie, Herr General, machen Sie nicht jetzt Schluß!«

Max von Baden, der letzte Kanzler des Kaiserreiches, der diese Worte berichtet, erzählt in seinem Buch der »Erinnerungen« auch von Walter Rathenau, einem anderen Juden, der im August 1914 einen Plan zur Rohstoffversorgung Deutschlands entworfen hatte, der die Grundlage für die Gesamtorganisation der Kriegswirtschaft bildete. Am 7. Oktober 1918 veröffentlichte er in der »Vossischen Zeitung« ein Programm mit Richtlinien für ein Massenaufgebot, um die schwankende Front im letzten Moment noch zu retten. »Der Herzensschrei eines großen Patrioten« – so nennt Max von Baden dieses bewegende SOS, das nutzlos verklang.

»Knallt nieder Walter Rathenau
die gottverdammte Judensau!«

Mit dieser Haß-Parole wurde derselbe Rathenau im Juni 1922 von Rechtsextremisten erschossen – und dennoch fand seine Mutter Worte des Trostes für die Mutter seines Mörders, der später inhaftiert wurde. »Undank des Vaterlandes«, das bleibt wohl das beste Resümee dieses Lebens, das er seinem Deutschland gewidmet hatte.

Sammy Gronemann, der jüdische Schriftsteller, der während der Jahre 1916–1918 als Dolmetscher für Jiddisch im deutschen Militärbezirk Ober-Ost tätig war, schreibt in seinen berühmten »Kriegsmemoiren«: »In den ersten Kriegsjahren herrschte in der deutschen Armee eitel Jubel und Begeisterung ob der Entdeckung der Ostjuden, als der Vortrupp deutscher Art und Sprache. Es entstanden Lobgesänge auf ihre Treue, und eine Reihe von deutschen Literaten, beileibe nicht nur Juden, bewiesen in tiefgründigen Abhandlungen, daß die Ostjuden echte und rechte ... Träger deutscher Kultur seien, die in unerhörter Anhänglichkeit ihr germanisches Volkstum durch die harte slawische Unterdrückung gewahrt hätten ...« So konnten Germanisten aus Preußen Anno 1917 schreiben, wie uns Gronemann berichtet.

Kaiser Wilhelm wollte im ersten Impuls die sofortige Entlassung aller ostjüdischen Kriegsgefangenen verfügen – ein Entschluß, der noch glücklich verhindert wurde – er hätte Tausenden von russisch-jüdischen Soldaten als zaristische Repressalie das Leben gekostet. Die Namen Silberfarb und Mandelstamm, einst das Objekt ironischer Bemerkungen des Reichskanzlers von Bülow, galten jetzt als Symbole jüdisch-deutscher Mannentreue, und das Wort »Ostjude« war wohlgefällig in den Augen deutsch-nationaler Patrioten. Es wurde eine richtiggehende politische Aktion veranstaltet: Der Feldmarschall von Hindenburg – und Excellenz von Ludendorff (kein großer Freund der Juden ansonsten!) ließen Proklamationen in jiddischer Sprache an die jüdische Bevölkerung in Litauen und Polen verbreiten, in denen »die Befreiung der armen Juden vom russischen Joch durch die judenfreundlichen deutschen Heere« angekündigt, sowie »die enge Zusammengehörigkeit von Deutschen und Juden und ihre geistige Verwandtschaft« dargestellt wurde.

Es war derselbe von Hindenburg, der als Reichspräsident »in ehrfurchtsvoller Erinnerung der jüdischen Frontsoldaten gedachte, die für das Vaterland gefallen sind« – wie er noch am 3. Oktober 1932 schreiben konnte. In den jiddischen Flugblättern, die Ludendorff zu Hundertausenden verteilen und mit Flugzeugen über die Ostfront abwerfen ließ, heißt es u. a. (ins Deutsche übersetzt): »Die heldenhaften Truppen der verbündeten deutschen und österreichischen Armeen ... bringen Euch Recht und Freiheit; gleiche Bürgerrechte, Glaubensfreiheit und die Freiheit, ungestört zu arbeiten ... Zu lange habt Ihr Juden Euch geplagt unter dem eisernen moscovitischen Joch ... Die fremde, barbarische Regierung ist zu Ende ... Wir kommen als Freunde zu Euch.« Soweit der Text des deutschen Flugblattes.

Wie solche Aufrufe und Appelle von den Juden Rußlands aufgenommen wurden, lernen wir u. a. aus dem Jahresbericht 1916 des Evangelischen Lazaretts in Königsberg. Dort heißt es: »Als nach Einrichtung der Arbeit in Suwalki noch kein Geistlicher vorhanden war, da hatte sich der fromme Rabbi des Ortes der verwundeten und sterbenden deutschen Soldaten angenommen. Weil er aber nur im Alten Testament Bescheid wußte, so ließ er sich das heilige Vaterunser aufschreiben, lernte es und las es den Schwestern vor, ob er auch alles richtig ausspreche. Dann hat er es mit den christlichen Leidenden und Sterbenden nach seinem Trostworte zum Schluß gebetet, um ihnen auch ihr heiliges Gebet zu übermitteln.« Soweit der Bericht der evangelischen Schwesternschaft aus Königsberg.

In Amerika schlugen die Wellen der jiddischen Presse für Deutschland so hoch, daß sie wegen ihrer Deutschfreundlichkeit nach Kriegseintritt der USA zensurpflichtig wurde. In einem der vielen Gedichte, die damals verfaßt und zu alten chassidischen Melodien auch gesungen wurden, heißt es aus der Feder des Dichters Morris Rosenfeld auf Jiddisch-Deutsch:

»Ich bin ganz fremd zu dem Teuton
es ist der Jid in mir, wos redt, –
doch wünsch ich Segen Deitschlands Fohn,
wos flattert über Rußlands Stedt ...
Mein Lied der Deitschischen Nation
Hoch! For dem Kaiser und sein Land,
Hoch! For sein Mut und seine Fohn
und Hoch für sein gesegnet Hand!«

Die »Berliner Zeitung« beschäftigt sich am 11. September 1914 mit der deutschfeindlichen (englisch-sprachigen) Presse-Kampagne in den USA – und fügt hinzu: »Sehr erfreulich ist dieser Massenhetze gegenüber der mannhafte Charakter der Deutsch-Amerikanischen Presse ... Ihr tritt die Jüdische Presse ... sehr energisch zur

Seite. Überhaupt ist es eine Freude, zu sehen, wie sich ganz allgemein das jüdische Element sehr kräftig für Deutschland einsetzt, wie sich überall werktätige jüdische Hilfsbereitschaft zeigt.«

Jüdische Sympathien für das Deutschland des Kaisers blieben nicht immer unerwidert. Nach den Armenier-Massakern von 1916 schickte sich Dschemal Pascha im Frühling 1917 an, den Juden der türkischen Provinz Palästina ein ähnliches Schicksal angedeihen zu lassen. Als die Vorbereitungen für die Massendeportation der zionistischen Pioniere (einschließlich der Gründer der Kibbutz-Bewegung) so gut wie vollendet waren, wandte sich – wie schon erwähnt – der päpstliche Nuntius in München an die bayerische Regierung mit der dringenden Bitte, bei den türkischen Alliierten sofort vorstellig zu werden. Die Bitte Eugenio Pacellis, des späteren Papstes Pius XII., fand Gehör. General von Falkenhayn, der deutsche Oberbefehlshaber in Jerusalem, konnte nach mühseliger Kleinarbeit erfolgreich intervenieren und den Türkenplan »die ganze jüdische Bevölkerung in die Wüste zu jagen«, wie es im Geheimbefehl aus der Pforte hieß, noch rechtzeitig vereiteln. In der Tat, eine historische Episode, die in der heutigen Rückschau mehr Aufmerksamkeit verdient, als sie bislang erhalten hat.

Aus der Gesamtschau deutsch-jüdischer Beziehungen wird es immer klarer, daß die deutschen Juden in Deutschland richtig verliebt waren. Wie anders läßt es sich erklären, daß Leo Baeck, die letzte Leuchte des deutschen Rabbinats, der im Jahre 1915 das Eiserne Kreuz erhalten hatte, noch Ende 1933 öffentlich erklären konnte: »Die Erneuerung Deutschlands ist ein Ideal und eine Sehnsucht innerhalb des deutschen Judentums«, daß Hauptmann Löwenstein, der Vorsitzende der jüdischen Frontsoldaten, noch im Jahre 1934 sagen konnte: »Wir haben den heißen Wunsch, unsere ganze Kraft, unser Leben und Wirken für den nationalen Wiederaufbau Deutschlands einzusetzen«, daß Hans-Joachim Schoeps, der Philosoph und Religionswissenschaftler, noch 1935 Hitler eine Denkschrift zu überreichen versuchte, die der Integration der Juden in die deutsche Gesellschaft gewidmet war.

»Sollte man mich zwingen, mein Deutschtum von meinem Judentum zu trennen, dann würde ich diese Operation nicht lebend überstehen.« Dieses Wort von Franz Rosenzweig, einem freiwilligen Frontsoldaten im Ersten Weltkrieg, wurde blutiger Ernst für Tausende seiner Glaubensgenossen, die an dieser Amputation seelisch dahinwelkten oder bis heute ein zerrissenes Dasein fristen. So blind und so fraglos konnte die jüdische Liebe zum Vaterland sein, daß sie vielen zum Verhängnis wurde. In den Worten von Golo Mann: »Daß sie so sehr an ihrer Heimat hingen, hat zu ihrem Untergang beigetragen.«

Auch nach Hitlers Machtergreifung konnten sie einfach nicht glauben, was ihnen drohte. War ihr begeisterter Einsatz für Deutschland letzten Endes sinnlos oder illusorisch? Wir sollten uns davor hüten, die besserwissenden Richter zu spielen. Sie taten das für ihre Umstände, ihre Zeit und ihren Ort ihnen richtig Erscheinende. Was nachher kam, konnten sie in ihren düstersten Albträumen genausowenig vorausahnen wie die damaligen Staatsmänner aller Welt – von Roosevelt bis Chamberlain. Ganz abgesehen von der Tatsache, daß die Völker der freien Welt ihre Tore vor den Flüchtlingen dichtmachten zur Zeit der größten Not – was allerdings die Schuld der Mörder und Weg-Schauer nicht mindern kann.

Dieser Patriotismus ist im Rückblick tragisch und entsetzlich, aber wir haben keinen Grund, darüber zu spotten. Wie konnte ein preußischer Oberstabsarzt des Ersten Weltkrieges, wie konnte ein Offizier, der in Flandern ein Bein verloren hatte und mit hohen Orden ausgezeichnet wurde, wie konnten sie befürchten, in Auschwitz zu enden?

Das Fazit nach zwei Weltkriegen, einem Völkermord und über vierzig Jahren Bundesrepublik ist schlicht und einfach: »Die Juden« hat man in deutschen Landen seit dem Mittelalter als Drückeberger, Feiglinge, Schacherjuden und Judasse verteufelt. Im Ersten Weltkrieg wurden viele von ihnen als Helden geehrt und als Freunde gefeiert. Im Zweiten Weltkrieg hingegen wurden Sie wie Schädlinge und Ungeziefer vergast. Die Wahlverwandtschaft wurde in kurzer Zeit zur blutigen Qualverwandtschaft. Was ihnen bislang noch nicht zugestanden worden ist, zumindest in der öffentlichen Meinung, ist das elementare Menschenrecht, weder

Teufel noch Engel zu sein, sondern schlichte Menschenkinder, mit Schwächen und Fehlern, mit Tugenden und Untugenden – wie alle Sterblichen auf Erden. Einfache Zweifüßler, die aber ebenso den Anspruch erheben auf ihre gottgewollte Eigenart.

Das Gerücht von den Juden,
den Schacherjuden,
den Wucherjuden
und den feigen Juden,
ist so falsch,
daß nicht einmal das Gegenteil richtig ist.

Es gibt keine »jüdischen Mitbürger«,
keine »Viertel-, Halb- und Teiljuden«;
genauso wenig gibt es »Juden-
Stämmlinge«. Hat man denn von »Viertel-
Katholiken« oder »Protestanten-
Stämmlingen« in Deutschland je gehört?
Juden, Katholiken, Protestanten
und viele andere auch
können deutsche Bürger sein,
durch dasselbe Grundgesetz geschützt.

Ich bin kein Pessimist –
aber auch kein Optimist.
Ich bin ein Meliorist,
der davon überzeugt ist,
daß diese Welt weder heil noch heillos ist,
wohl aber heilbar –
wenn viele kleine Leute
viele kleine Schritte
zum großen Ziel hin unternehmen.

Sind die Koffer wieder gepackt?

Zur Situation der Juden in Deutschland heute

Jüdische Gemeinden gab es in Deutschland am Rhein, am Main und an der Oberen Donau seit dem dritten Jahrhundert. Ihre Glieder haben wesentliche Beiträge zur Förderung des Wohlstandes, des Prestiges und der Wissenschaften dieses Landes geleistet, lange vor seiner Christianisierung; Jahrhunderte ehe der Begriff *Deutsch* als Selbstbezeichnung seiner Bewohner aufkam. In der Tat, es war eine Liebesgeschichte von tausendjähriger Tragweite; leider aber meistens einseitig. Diskriminierung, Verfolgung und Mißhandlung gehörten nur allzu oft zur jüdischen Tagesordnung. Nur wenig Trost erwuchs aus der Tatsache, die jedoch zum Gesamtbild gehört, daß Juden während des gesamten Mittelalters in ganz Europa ebenso Unsägliches zu erleiden hatten. Wer ist schuld an all diesem Elend?

Bis zum Ende des ersten Jahrtausends christlicher Zeitrechnung lebten Juden und Christen nebeneinander, in relativer Ungestörtheit. Aus karolingischen Urkunden erfahren wir von blühenden Verbindungen zwischen hiesigen Juden und ihren Glaubensgenossen in Spanien und Italien, bis hin nach Babylon. Ebenso hören wir von einem steten Getröpfel von Konversionen zum Judentun (aber nur von Einzelfällen in der Gegenrichtung). Die Sachlage verschlechterte sich schlagartig um und nach 1096, mit Beginn des ersten Kreuzzuges. Kirchenfürsten ermutigten den Pöbel, der unterwegs war, um das Heilige Grab von muslimischer Herrschaft zu befreien, an den Juden im Rheinland und entlang der Marschroute Rache zu üben – für die Kreuzigung Jesu. Obzwar einige Päpste versuchten – meistens erfolglos –, Juden in Schutz zu nehmen, versiegte die damals gelegte Blutspur nicht bis zur Mitte dieses Jahrhunderts. HEP! HEP! So schrien die aufgehetzten Massen, als sie die jüdischen Viertel überfielen. Also: *H*ierosolyma *e*st *p*erdita! (Jerusalem ist verloren!).

Ich würde nie behaupten, daß die Kirchen die Schuld am Holocaust tragen, aber wer kann leugnen, daß Jahrhunderte von christlich-inspirierten Judenhaß den Weg für die bestialen Unmenschlichkeiten in diesem Jahrhundert geebnet haben? Ohne die uralten, neu aufgewärmten antijüdischen Vorurteile und Feindbilder hätte Hitler seinen teuflischen Völkermord wohl kaum mit solcher Leichtigkeit durchführen können. In der Tat hat Martin Luther mit Nachdruck die »Bestrafung« aller Juden empfohlen, die nicht zum Christentum übergetreten waren. In seinem Programm für die Mißhandlung und Entwürdigung der Juden betont er die Einäscherung der Synagogen, Fronarbeit und Massenvertreibung, wobei sich seine Phantasie bis knapp vor die Vernichtungslager der Nazis erstreckte. Die Kirchen und die herrschende Elite sorgten dafür, daß Juden in keiner Zunft zugelassen wurden, weder Boden besitzen noch sich in der Landwirtschaft betätigen durften. Ebenso waren sie von allen Ämtern und akademischen Berufen ausgeschlossen. So wurden sie absichtlich in das Geldgeschäft abgedrängt – zum Nutzen ihrer christlichen Obrigkeiten, der Kirchen und des Adels. Zugleich waren sie die Zielscheibe der aufgestauten Wut aller kleinen Schuldner und Anleihenehmer. Zur selben Zeit wurden sie immer wieder des Christusmordes, der Hostienschändung und des Ritualmordes christlicher Kinder bezichtigt. Man bedenke: Deren Blut benötigten sie angeblich zum Backen von Matzoth für das Pessachfest! Die Ignoranz und Ungeheuerlichkeit dieser Unterstellungen werden angesichts der Tatsache klar, daß das Alte Testament bekanntlich jeden Blutgenuß überhaupt untersagt! Weitere Schikanen dieser Art folgten unablässig. Und dennoch liebten die Juden dieses Land, zu dem sie nach jedem Pogrom wieder zurückkehrten.

Mit Ausnahme der Hitler-Ära war Deutschland niemals »judenrein« – im Kontrast zu England etwa, aus dem Juden rund 300 Jahre lang verbannt waren. Mit Anbruch der Aufklärung fielen die Ghettomauern. Die bislang eingekerkerten Einwohner stürzten hinaus, in die bürgerliche Freiheit hinein. Ihr lang-unterdrückter Hunger nach weltlichem Wissen, der Durst nach den Künsten und die ungestillte Sehnsucht nach den freien Berufen führten in relativ kurzer Zeit zur dynamischen Entfaltung blühender Gemeinden im ganzen Lande. Seit damals haben ihre Söhne in allen deutschen Freiheitskriegen gekämpft. Trotz gelegentlicher Rückfälle ihrer Umwelt in den alten Antisemitismus dienten – wie schon gesagt – rund 100000 deutsche Juden in deutschen Streitkräften im Ersten Weltkrieg, etwa 30000 von ihnen als Freiwillige. Über 12000 fielen für Deutschland – also mehr als die Zahl derer, die in den ersten vier Kriegen des Staates Israel ihr Leben lassen mußten. War ihr Patriotismus ein tragischer Irrtum? Laßt uns nicht – aus dem bequemen Lehnstuhl der historischen Rückschau – ihre Hingabe gering schätzen! Sie liebten ihre Heimat.

Wie konnten sie damals die braune Sintflut voraussehen, die später den Großteil Europas überschwemmen würde? Letzten Endes konnten nicht einmal die führenden Staatsmänner des Westens, wie etwa Churchill, Roosevelt oder Leon Blum, den Umfang des Nazi-Unheils erahnen. Ohne die Schuld der Nazis im geringsten zu mindern, bleibt die schmerzliche Frage noch immer im Raum: Warum haben die Nationen der Freien Welt damals ihre Tore nicht für den Zustrom der entrechteten jüdischen Flüchtlinge geöffnet?

Skurrile Andeutungen werden hie und da geäußert, die da behaupten, daß die Juden überleben hätten können, wenn sie ihre mittelalterliche Armut beibehalten hätten, die nicht den Neid ihrer christlichen Nachbarn erweckt hätte. Keineswegs! Ganz abgesehen von der krassen Ungerechtigkeit einer solchen Zumutung beweisen die Millionen von bettelarmen »Schtedl«-Juden, die in Polen und Rußland ermordet wurden, das tragische Gegenteil. Am Tag, nachdem die Kanonen schwiegen, schleppten sich mühsam ausgehungerte, vogelscheuchen-gleiche Gestalten aus Vernichtungslagern und aus tausend Unterschlüpfen – die Überlebenden. Doch wohin sollten sie nun gehen? Zurück in ihre ehemaligen Dörfer und Städtchen? Vielleicht in das stalinistische Rußland mit seiner antijüdischen Unterdrückung? Oder gar nach Polen, wo etliche Heimkehrer anno 1946 mit einem blutigen Pogrom in der Stadt Kielce empfangen wurden? Die meisten wurden also in das eben gegründete Israel gebracht; andere gingen nach Amerika. 250000 angeschlagene menschliche Wracks waren in Todesmärschen von den Nazis gegen Kriegsende quer durch Deutschland gejagt worden. Ihre Spuren finden sich noch heute in einsamen Friedhöfen und Ruinen von »Displaced-Persons«-Lagern. Zehntausende Überlebende aber blieben in Westdeutschland – unter den Fittichen von »Uncle Sam« –, hauptsächlich in der amerikanischen Besatzungszone.

Einige Jahre lang blieben die sprichwörtlichen Koffer gepackt. Nichtsdestoweniger kamen Kinder zur Welt, neue Existenzen wurden aufgebaut und Vermögen gebildet. Später begann »Uncle Sam« mit seinen Truppen den Rückzug nach Hause; die jüdische Gemeinschaft jedoch blieb im Lande und schlug Wurzeln. Ja, es gab immer noch eingefleischte Nazis, die des Nachts Hakenkreuze auf jüdische Wände schmierten – oft im Auftrag der SED aus Ostberlin, wie sich jetzt heraustellte. Wesentlich weniger häufig als in Paris zum Beispiel. David Ben Gurion jedoch, als er 1965 diplomatische Beziehungen mit Bonn aufnahm und Freundschaftsligen mit Westdeutschen gründete, betonte des öfteren seine Überzeugung: »Es gibt jetzt ein neues Deutschland, dem wir Vertrauen schenken dürfen.« Und in der Tat, die Beziehungen zwischen den beiden Staaten haben sich inzwischen auf zahlreichen Gebieten erfreulich entfaltet, wie etwa in den Künsten und Wissenschaften, dem Fremdenverkehr sowie in gemeinsamen Entwicklungsprojekten in der Dritten Welt etc. Die Bundesrepublik wurde, gleich nach den USA, zum bedeutendsten Wirtschaftspartner Israels.

Einige Likud-Politiker in Israel jedoch sind noch immer der Gewohnheit verfallen, gelegentlich Verbalinjurien voll Feuer und Schwefel gegen das, was sie »das Land der Mörder« nennen, loszulassen. Die Leiden der Überlebenden, wo immer sie heute auch wohnen mögen, erheischen zweifelsohne unser profundes Mitgefühl, denn ihre psychologischen Traumata sind nicht vernarbt. Die Zeit hat hier mit ihrer sprichwörtlichen Heilkraft doch versagt. Als, im Fahrwasser der Neo-Nazi-Umtriebe in der BRD, Frau Schulamith Aloni, als Ministerin in der Regierung Rabin, unlängst vorschlug, daß die Juden in aller Welt vereint Deutschland boykottieren sollten, wurde dieser Gedanke in Israel mit Nachdruck verworfen. Glücklicherweise, denn ihr Vorschlag hätte sehr leicht das berüchtigte Gespenst der »Protokolle der Weisen von Zion« unseligen Angedenkens heraufbeschworen. Haben wir denn nicht genug zu leiden gehabt unter dem antisemitischen Mythos des angeblich allmächtigen, sogenannten »weltverschwörerischen Weltjudentums«? Juden, die allzu lange die Zielscheibe ungerechter Kollektivbezichtigungen und Pauschalverurteilungen waren, sollten den Spieß nicht umdrehen, um gegen andere Kollektivverurteilungen auszusprechen! »Jeder Mensch trage seine eigene Schuld!« lehren uns die Propheten Israels. Die demokratischen Behörden und Institutionen in Westdeutschland haben übrigens zu keinem Zeitpunkt ihre moralische und finanzielle Haftung, weder gegenüber den örtlichen Jüdischen Gemeinden noch gegenüber dem Staate Israel, verdrängt oder verleugnet.

Hier sollte erwähnt werden, daß im Laufe der letzten Jahre viele Tausende von Israeli-Emigranten wieder nach Deutschland zurückkamen und sich hier niederließen – sehr zur Entrüstung der meisten ihrer Landsleute. Rund 50000 Juden leben heute im vereinten Deutschland – eine Zahl, die täglich steigt durch den Zustrom russischer Juden, die Deutschland als sicheren Zufluchtsort erachten. Seit 1989 sind etwa 20000 von ihnen in hiesigen Gemeinden eingegliedert worden – mit Unterstützung der deutschen Behörden. Die Regierung von Israel hat jedoch versucht, diese Einwanderung zu unterbinden, mit dem Anspruch, daß alle jüdischen Flüchtlinge nach Israel kommen sollten. Eine ähnliche Entwicklung hat sich vor kurzem auch hinsichtlich der russisch-jüdischen Einwanderungsströme in die USA ergeben. Auf Betreiben Israels wurde die begehrte Gewährung des »Flüchtlings-Status« an russische Juden erheblich eingeschränkt, um sie nach Israel zu lenken. Rund 60000 Juden in der ehemaligen Sowjetunion stehen auf den Wartelisten der deutschen Konsulate und warten auf ihre Emigration. Bei aller Sympathie für Israel bestand der Zentralrat der Juden in Deutschland – in Eintracht mit Bonn – darauf, daß Deutschland seine Türen vor Juden nicht versperren solle, da dies einer Vollstreckung von Hitlers Vermächtnis gleichkommen würde, dieses Land »judenrein« zu halten.

Unter den vielen nach Deutschland drängenden russischen Juden sind allerdings zahlreiche Nicht-Juden, die kraft jüdischer Papiere hier Einlaß begehren. Wie makaber! Der nachdenkliche Zeitgenosse kann nicht umhin, sich zu erinnern, daß im Laufe von Jahrzehnten so mancher Jude sein letztes Hemd verscherbelte, um sich falsche Papiere zu besorgen, die sein Nicht-Judesein bezeugten?! Heute hingegen soll es in russischen Städten eine rege Nachfrage nach »jüdischen Papieren« geben! Ob diese Personen sich in die hiesigen Gemeinden auf Dauer einordnen werden, bleibt eine offene Frage. So manchem örtlichen Gemeinde-Potentaten – Herr über festgefahrene Strukturen und Erbhöfe – haben sie Unruhe in die Gemütlichkeit gebracht.

Im Laufe der Jahre haben die Überlebenden des Holocaust in Westdeutschland Fuß gefaßt, während im Osten (der DDR also) nur einige Hunderte – offiziell als Antifaschisten anerkannte Personen – überleben konnten. Seit 1990 sprießen wie Pilze nach dem Regen jedoch Hunderte von sogenannten »Kulturjuden« aus dem dürren DDR-Boden. Was so mancher von ihnen in sein selbstgestricktes »Kulturjudentum« hinein- oder herausliest, dürfte leider nicht immer der jüdischen Tradition entsprechen, in deren Namen Menschen gelebt haben, leiden mußten und auch gestorben sind. An uns allen liegt es, wenn erwünscht, sich dieser Suchenden gegebenenfalls anzunehmen und sie in die alte Gemeinschaft aufzunehmen.

»Wer ist Jude?« ist eben nach wie vor die tragische, von außen und von innen umstrittene Frage. Nicht einmal der sogenannte »Arier-Nachweis« der Nazis konnte eine Antwort liefern. Wer war damals Arier? Wie schon gesagt: Die Person, deren Eltern und Großeltern auf einen gekreuzigten Juden getauft worden waren! Wer war damals Jude und zum Vergasen verurteilt!? Die Person, deren Eltern oder Großeltern an den Gott jenes gekreuzigten Juden geglaubt hatten. In Westdeutschland nahm – vor der Wende – mittlerweile die 2. und 3. Generation der Nachgeborenen regen Anteil am öffentlichen Leben. Trotzdem leiden so manche ihrer Eltern und Älteren noch immer an den traumatischen Erinnerungen der Vergangenheit – Reminiszensen, die natürlich noch schmerzlicher werden angesichts der heutigen Ausbrüche von »Skinheads« und Neofaschisten.

In all ihrer Verschiedenheit sind hiesigen Juden mittels zweier Bande vereint: ihre gemeinsame Sorge um den Staat Israel und ihr selbstauferlegtes Wächteramt zur Wachhaltung der Erinnerung an die Grauen des Holocaust. Ob diese beiden Faktoren auf lange Sicht sich als eine Art von Ersatzreligion erweisen werden, liegt noch im Schoß der Zukunft. Sollte sich dies bewahrheiten, wäre es wahrhaftig eine Tragödie – nach der Hingabe so vieler Märtyrer des jüdischen Glaubens.

Mit Bedauern muß daran erinnert werden, daß einige der internationalen jüdischen Organisationen die Integration ihrer jüdischen Kollegen in Deutschland während der Gründerjahre nur sehr halbherzig und widerwillig geduldet haben. Das führte dann ganz unvermeidlich zu einer Art von Minderwertigkeitskomplex bei hiesigen jüdischen Führungsgremien und Funktionären, die daraufhin ihre politische Unabhängigkeit vis-à-vis dem deutschen Establishment demonstrativ zu betonen suchten. All diese Wachstumswehen der Gemeinschaft klangen im Laufe der Jahre ab zu einer Art von Miteinander – wie bei einem Ehepaar, das langsam seinen Sturm-und-Drang-Jahren entwächst. Die sprichwörtlichen Koffer der ewigen Flüchtlinge wurden stillschweigend ausgepackt. Dann aber brach das Erdbeben von 1989 aus.

In der scheinbar geruhsamen Welt des Westens, wo jedermann seine politischen Freunde und Gegner kannte und sich an die Grenzen und Zäune zwischen Ost und West gewöhnt hatte, brachen unversehens alle Mauern zusammen. Alles in Europa änderte sich schlagartig über Nacht: die Beziehungen zwischen Kapitalismus und Kommunismus, die ökonomische Struktur des Kontinents, und nach einer Weile tauchten anstelle der erwarteten Euphorie eines ewig-währenden Friedens neue Grenzen auf zwischen Reichen und Habenichtsen einerseits und zwischen satten Bürgern und herumirrenden Flüchtlingen andererseits. Das Versagen der gesamten ökonomischen Struktur des Sowjetblocks brachte die ehemaligen Satelliten, wie Polen und die DDR, an den Bettelstab. All dies führte zu einem Wirrwarr gesellschaftlicher

Verhältnisse von Neid, Unzufriedenheit und industriellem Zusammenbruch. Hunderttausende von Flüchtlingen begehrten Einlaß in Wohlstandseuropa, dessen Ruf offensichtlich bis an die vier Enden der Welt gelangt war. Neben diesen Entwicklungen auf dem alten Kontinent machten und machen Menschenschmuggler blendende Geschäfte mit der Infiltration illegaler Einwanderer aus dem Nirgendwo – wie etwa der Wüste von Angola, den Gebirgen Algeriens und den Küsten von Sri Lanka – in das angeblich verheißene Land Deutschland.

Wer hat nicht Angst *vor* dem Vereinten Deutschland? Das war die Frage zu Sylvester 1990. Der Kenner aber, der die Wucht der menschlichen und finanziellen Probleme wahrnimmt, würde heutzutage eher fragen: Wer ist nicht *um* das Vereinigte Deutschland besorgt? Bis 1989 mag es in der Theorie Grund für Angst vor einem behäbigen, selbstzufriedenen Deutschland gegeben haben. Aber jetzt? »Germania« hat wesentlich abgespeckt, in der Tat, da sie gleichzeitig 17 Millionen ungeduldiger Landsleute aus dem Osten zu integrieren hat, den Rückzug sowjetischer Besatzungstruppen aus Ostdeutschland finanzieren muß, den befreiten östlichen Nachbarn auf die ökonomischen Beine helfen soll – ganz zu schweigen von den vielen Nöten der Dritten Welt. Zum Glück erfreute sich die deutsche Wirtschaft einer zehnjährigen pausenlosen Hochkonjunktur, so daß es unfair erscheint, das heutige Tief mit jenem Hoch zu vergleichen. Ferner sollte nicht vergessen werden, daß mittlerweile einige Hundertausende von Aus- und Übersiedlern sowie Inhaber von Bleiberecht erfolgreich in den Arbeitsprozeß eingegliedert wurden.

Ja, Hoyerswerda, Rostock, Sachsenhausen, Mölln, Solingen und all die anderen »Tatorte« haben uns allen das Gruseln beigebracht! Die panikartigen Vergleiche und die Heraufbeschwörung von Albträumen à la Weimar entbehren aber jeder historischen Grundlage. Ja, wir haben 3,5 Millionen Arbeitslose in Ost und West, dazu ABM-Beschäftigte aller Art. Auf Weimarer Verhältnisse umgerechnet – bei der größeren Bevölkerung und der Einbeziehung der Frauen in die Statistik – wären es rund 12 Millionen. Die damalige Not eines Arbeitslosen scheut jeden Vergleich mit dem heutigen sozialen Sicherheitsnetz. Kommunisten und Sozialisten lieferten sich damals Straßenschlachten, während heute Millionen von Demokraten antifaschistische Lichterketten veranstalten. So häßlich die Gesamtlage sein mag – es sei doch erwähnt, daß es sich um erwiesenermaßen ca. 6000 Hooligans in Ost und West handelt, während die Lichterdemonstrationen doch ganz erheblich zur Erhellung des Deutschlandbildes bei hiesigen und ausländischen Juden beigetragen haben.

Denn der Schreck war allen in die Glieder gefahren: Auch wenn die Intifada in Israel fast täglich Opfer fordert, Straßenschlachten in Brooklyn und Los Angeles zwischen Schwarzen und Weißen ausgefochten werden, so ist doch das neofaschistische Trauma noch immer bei hiesigen Juden eine furchterregende Bedrohung.

Kaum hatte man sich erholt von der Illoyalität und Unberechenbarkeit der Friedensbewegung zur Zeit des Golfkrieges 1991 – mit enttäuschenden Äußerungen etlicher Kirchenmänner und grünen Politiker – so überstürzen sich jetzt fast täglich die braun-gefärbten Sturmnachrichten. Ja, die vernünftigen Stimmen betonen es: Weder die rabiaten Golfkriegsgegner noch der braune Pöbel sind Deutschland! Die Zahlen und ihr Stellenwert sind wohl bekannt. Die Gründe wirtschaftlicher, sozialer und psychologischer Natur in Ost und West für die bedauerlichen Umtriebe sind wiederholt analysiert worden. Und dennoch trug die anfangs zögerliche Reaktion der Behörden zur steigenden jüdischen Unruhe bei. Fassungslos wurden und werden hiesige Juden von Israelis nach ihrer Auswanderung befragt. Man habe es ja schon immer kommen sehen! Hier stellt sich die Frage, ob der so beanspruchte Staat Israel überhaupt imstande wäre, jüdische Flüchtlinge aus Katastrophengebieten grenzenlos aufzunehmen.

Der Zentralrat der Juden *in Deutschland* und örtliche Behörden wiesen immer wieder auf ihre jahrelange Weigerung hin, sich als *deutsche Juden* zu verstehen. Was wundert es, daß in gewissen hiesigen Kreisen Juden also gelegentlich als »Auslands-Israelis« erachtet werden? Makaber, aber so gut wie unbekannt ist die Tatsache, daß es die Nazibehörden, Ende der 30er Jahre waren, die »die deutschen Juden« zu »Juden in Deutschland« degradiert hatten. Wie bekannt, sind, trotz der Aufheizung vom Ausland, seit Hoyerswerda kaum hiesige Juden ausgewandert. Wenn sie also zu dieser Zeit ihr Vertrauen in die hiesige Demokratie nicht verloren haben, wäre es nicht denkbar, daß man sich in diesem Land in geraumer Weile sich eben doch wieder als *deutsche Juden* wird verstehen können? Um so mehr, da der »Jude in Deutschland«, der sich fanatisch zu jeder Zeit für Israel und seine Belange einsetzt, dessen ungeachtet sich als deutscher Jude verstehen kann und darf!

Bei aller Unterstützung für Israel ist es wohl an der Zeit, das Kind beim Namen zu nennen und sich, als Inhaber eines deutschen Passes, auch als Deutscher zu bekennen. Andererseits gebietet es die Fairneß, daß nicht mehr in diesem Lande von jüdischen »Mitbürgern«, von »Viertel«-, »Halb«- und »Teil-Juden« oder gar von »Judenstämmlingen« die Rede sein dürfe, denen gnädigst Minderheitenschutz gewährt werden soll. Sind denn Jesuiten z. B. eine Minderheit hier? Gibt es etwa Viertel-Katholiken, Halb-Methodisten oder Protestanten-Stämmlinge? Juden sollten hier keineswegs als Minderheit erachtet werden – genausowenig wie es deutsche Baptisten oder Altkatholiken sind. Sie alle dürfen den Schutz des Grundgesetzes gleichberechtigt genießen. Als »Juden in Deutschland« engagierte man sich bislang kaum in der deutschen Politik, – scheute man sich doch sogar, sich als *Deutscher* öffentlich zu bekennen. Das aber mag sich bald ändern. Wenn die Bundesrepublik, wovon ich überzeugt bin, der jetzigen Schwierigkeiten Herr werden wird, wird das dem Bestehen einer weiteren Bewährungsprobe gleichkommen – vor den Nachbarvölkern, den Kriegsopfern und vor ihrer eigenen Geschichte zugleich. Dann darf man auch auf den behutsamen Beginn eines neuen Kapitels in der 1000jährigen Geschichte der deutschen Juden hoffen.

Im Jahre 1989 erwartete man vom
vereinigten Deutschland, daß es nördlicher,
sozialistischer und protestantischer würde.
Dem war nicht so.
Deutschland wurde eher zerstrittener,
weinerlicher und säkularer.

Lebt in Deutschland eigentlich
eine Jesuitenminderheit?
Eine alt-katholische etwa?
Oder eine methodistische, zum Beispiel?
Eine jüdische Minderheit
geistert durch den deutschen Sprach-
gebrauch.
Die Ghettomauern sind also
verbal geworden!

Wie die Zeiten sich ändern!
Einst sparten sich Juden
das Brot vom Mund ab,
um christliche Papiere kaufen zu können.
Heute legen russische Christen
ihre letzten Rubel zusammen,
um sich jüdische Ausweise
zu verschaffen –
der Auswanderung zuliebe.

Nachdenken über das Gedenken

Seit dem Morgengrauen der Zivilisation müht sich der Mensch, seiner Hinfälligkeit etwas Dauerhaftes entgegenzusetzen; etwas Beständiges, das dem Vergehen und Verwesen trotzen möge.

Und so kam es zu Mausoleen und Grabanlagen, aber vor allem zu Denk-Mälern, die zumindest symbolisch ein Stück Vergangenheit zu vergegenwärtigen vermochten.

Schon in Nomadenzeiten war es Pflicht der Hinterbliebenen, mit immer wuchtigeren Steinhaufen die letzte Ruhestätte ihrer Vorfahren zu ehren. Aus diesem Drang zum Gedenken und der lähmenden Furcht vor dem Entschwinden in das Nichts entstanden später Pyramiden – von Ägypten bis Mexiko. Hinzu gesellte sich die atavistische Angst vor Strafaktionen aus dem Jenseits im Auftrag der Verblichenen – falls sie auf dieser Erde dem Vergessen preisgegeben worden wären.

Von der Steinzeit über die ersten Städtekulturen und quer durch das Mittelalter wurden diese Ängste von Häuptlingen, Königen und Kirchen mißbraucht und umgesetzt in ein Netzwerk von religiösem Brauchtum, sakralen Bauten und Pilgerfahrten zu heiligen Grabstätten.

Wir Kinder des 20. Jahrhunderts sollten uns aber hüten, die Seelenqualen vergangener Generationen hämisch und überheblich zu belächeln. Spotten doch die Völkermorde unseres Zeitalters und die allgemeine Unfähigkeit, das Geschehen aufzuarbeiten, jeder Beschreibung.

Judentum und Christentum sind Gedächtnisreligionen, die ihre traumatischen Leiderfahrungen in ihre Festkalender und Liturgien eingebaut haben. Das Christentum bezichtigt alle Jahre wieder, um die Osterzeit, »die Juden« einer Kollektivschuld am Tode Jesu (des Nazareners, der – christlicher Theologie gemäß – seinen freiwilligen Sühnetod angekündigt hatte und von den Römern hingerichtet wurde).

Gerade aus dieser bitteren jüdischen Erfahrung einer 2000jährigen Kollektiv-Beschuldigung weigere ich mich, Gruppen oder

Völker pauschal zu verdammen. Es gab Täter, Mitläufer, Zuschauer und Wegschauer – aber auch, wenn auch nicht genügend, aufopfernde Lebensretter.

»Jeder trage seine eigene Schuld!« Wie die Propheten nicht müde wurden, zu betonen.

Der Holocaust sitzt Überlebenden und Nachgeborenen immer noch in den Knochen. Naturgemäß wurde und wird er jedoch »im Lande der Täter«, im »Lande der Opfer«, d. h. in Israel – und in den fernen USA ganz verschieden erforscht, verewigt und in Stein gemeißelt.

In der Bundesrepublik wird seit Jahren an allen Schoa-Gedenktagen das berühmte chassidische Wort zitiert:

»Das Vergessen verlängert das Exil; das Gedenken beschleunigt die Erlösung.«

Aus der Fülle guten Willens scheint man sich nicht zu befragen, welches deutsche Exil hier verlängert, und welche Erlösung beschleunigt werden könne. In der Tat handelt es sich um eine rabbinische, an Juden gerichtete Mahnung:

Wenn Ihr die Torah vergeßt –
wird das Exil andauern;
Gedenkt Ihr aber Eurer Tradition –
wird sich der Messias im Kommen beeilen.

Also ist es eigentlich kein maßgeschneidertes Mahnwort für deutsche Festredner!

Was mag, zutiefst gesehen, den Drang zur Errichtung von Schoa-Gedenkstätten zu dieser Zeit so beflügeln?

Ein Bündel von Begründungen ergibt sich in den USA:

Zunächst geht es um die Angst der altgewordenen Überlebenden der Schoa, die sich geschworen haben, wegen ihres eigenen Überlebens der Ermordeten zeitlebens zu gedenken.

Das Langzeitgedächtnis ruft im fortschreitenden Alter bekanntlich fatale Erinnerungen mit minutiösen Einzelheiten immer wieder in das Bewußtsein zurück. Man ist geradezu besessen von einer selbstauferlegten Pflicht des Mahnens, des immerwährenden Erinnerns und der Verewigung des Grauens in Granit und in Marmor.

Diejenigen jüdischen Amerikaner, die ein gütiges Schicksal die Schoa in den USA hat überwintern lassen, plagt heutzutage häufig ein schlechtes Gewissen. Wo war – in den dreißiger und vierziger Jahren – ihr verzweifelter Einsatz, ihre Demonstrationen und Sit-Ins, um ihre Regierung zu veranlassen, jüdische Flüchtlinge im »The Land of the Free« aufzunehmen? Wie der »Finger-Report« (benannt nach seinem jüdischen Autor) berichtet, hat die US-Judenheit damals – ohne die Schuld der Nazis im geringsten zu mindern – an Rettungsbemühungen viel zu wünschen übrig gelassen.

Ja, die US-Regierung hat in jenen Horror-Jahren an Hilfsbereitschaft für die todgeweihten jüdischen Flüchtlinge tragisch versagt. Die Ausflüchte sind bekannt:

So z. B. befürchteten die Gewerkschaften eine Flut von arbeitslosen Einwanderern; die CIA sah Gespenster von Scharen von Spionen; und Regierungskreise dümpelten in ihrem vertrauten Isolationismus dahin. Das Wissen darum mag auch zu einem schlechten Gewissen im US-Establishment unserer Tage beigetragen haben.

Seit den 70er Jahren lauert im Hintergrund die Sorge bei den US-Präsidenten, daß sie eines Tages zu Israel-unfreundlichen Maßnahmen – aus amerikanischen Gründen – gezwungen sein könnten, wie dies z. B. bei der Bewaffnung Saudi-Arabiens mit modernsten Flugzeugen zu Zeiten Jimmy Carters geschah. Um in solchen Fällen die Gefühle der US-Juden zu besänftigen und der Treue Amerikas konkreten Ausdruck zu verleihen, könnte da etwa ein gewaltiges Holocaust-Memorial im Herzen von Washington als politisches Feigenblatt dienen?

Ob diese Motivationen ausreichen, um eine so massive Amerikanisierung des Holocaust-Gedenkens zu rechtfertigen, bleibt trotzdem ein schmerzliches Dilemma.

Man wird fragen müssen, ob ähnliche Monumente in »God's own country« für die ausgerotteten Indianer und die gepeinigten Negersklaven geplant sind. Es ist fast, als baute man in Berlin eine Gedenkstätte für den Holocaust an den Armeniern, ohne die Schoa »made in Germany« mit einzubeziehen.

Eine ganze Generation von Amerikanern wurde und wird mit Filmen berieselt, in denen flotte, junge Wehrmachtsoffiziere »Großdeutschland« beherrschen. Die Zeit scheint in den USA auf diesem Gebiet stehen geblieben zu sein: Besagte Wehrmachtsmannen sind inzwischen entweder tot oder fettleibige, mit Herzschrittmachern versehene Greise. Ihre Enkel aber sind derart antimilitaristisch eingestellt, daß sich die Bundesrepublik schwer tut, mit der UNO zu einer Kooperation in Blauhelm-Einsätzen zu gelangen.

Ein leises Staunen beschleicht uns angesichts der amerikanisch-jüdischen architektonischen Gigantomanie: Immerhin gedachten und gedenken über 100 Generationen von Juden allerorts der ägyptischen Vernichtungskampagne an den Kindern Israel sowie der darauffolgenden göttlichen Befreiung, ohne irgendwelche konkrete Vergegenwärtigung dieser Schlüsselereignisse zu benötigen.

An die berüchtigte »Babylonische Gefangenschaft« und die sagenhafte Rückkehr der Verbannten erinnert kein einziger Stein und kein Schnitzbild aus Holz – aber dennoch bleiben sie in aller Munde.

An das einschneidendste Ereignis der jüdischen Geschichte, die Zerstörung Jerusalems und des Tempels im Jahre 70, erinnert lediglich eine dürftige, kahle Mauer aus rauhem Stein – die Westmauer in Jerusalem (fälschlich als »die Klagemauer« bekannt).

In der Liturgie, im religiösen Brauchtum und in der Volksfrömmigkeit aber haben diese und andere historische Ereignisse unauslöschliche Spuren hinterlassen.

Sollen etwa die heute immer wuchtiger werdenden Bauten eine fehlende innere Betroffenheit kaschieren?

Welch ein schmerzlicher Gedanke!

Ganz in diesem Sinne war es aufregend, das Gerangel der Überlebenden des Warschauer Ghettoaufstandes zu beobachten, als sich die Frage stellte, wer denn die Gedenkrede in Warschau halten dürfe.

Der Größe der historischen Stunde scheinen auch die Streitereien der Washingtoner Funktionäre vor und bei der Eröffnung des dortigen Memorials nicht entsprochen zu haben.

Das Holocaust-Gedenken darf auf keinen Fall zu einem einigenden Band oder gar einer Art von Ersatz-Religion entarten. Leider sind Ansätze einer solchen Entwicklung hie und da zu beobachten. Andersdenkende werden in gut religiöser Terminologie kaltschnäutzig als Ketzer, Ungläubige oder gar als Verräter gebrandmarkt. Öffentliches Hinterfragen gilt in gewissen Kreisen als Nestbeschmutzung.

Dem aufgeschlossenen Besucher des Washingtoner Memorials drängt sich jedenfalls die Frage auf, weshalb der gute Wille, die Wiedergutmachungsleistung und die ausgezeichneten, mannigfaltigen Beziehungen der Bundesrepublik zu Israel doch nicht auch zum konkreten Ausdruck kamen. Schließlich äußerte Premierminister Rabin im April 1993 gegenüber Verteidigungsminister Rühe (unter Kollegen, da Rabin bekanntlich auch als Verteidigungsminister amtiert), daß Israel und die Bundesrepublik Partner in einer neuen Weltordnung sein sollten! Er machte keinen Hehl aus seiner Genugtuung über die produktive Zusammenarbeit seines Landes mit Deutschland. Auch wenn es hierzulande Skinheads und Neonazis gibt, gilt es doch – trotz etlicher kranker Bäume –, den Wald der deutschen Demokratie nicht zu übersehen! Deutschland sollte nicht der Kollektivbeschuldigung ausgesetzt werden und als ewiger Schurke sozusagen, in Stein gehauen, in Granit gemeißelt und in Holz geschnitzt, für alle Zeiten präsentiert werden.

Der Holocaust darf kein jüdisches »Ersatz-Thema« werden. Scheuen etliche Gremien gar die Auseinandersetzung um heutige interne Streitfragen? Soll man denn der Naziideologie die posthume Bestimmung des jüdischen Selbstverständnisses überlassen – indem wir von »Post-Holocaust-Generationen« sprechen?

Merkwürdigerweise tut sich die junge Generation in Israel – aus ganz anderen Gründen – genauso schwer wie ihre Altersgenossen hierzulande, mit der Aufarbeitung und der Verinnerlichung der Schoa – ein Thema, das der Erörterung harrt.

Die Gedenkstätte *Jad Vaschem* in Israel wird seit Jahrzehnten ausgebaut und erweitert – zu Recht. Es geht ja um die Erinnerungen vieler seiner Einwohner, die Holocaust-Überlebende sind.

Auschwitz ist und bleibt ein Stachel im Fleische des Staates und seiner Bürger. Das Erinnerungswerk ist ein nationales Anliegen, jenseits der vielschichtigen, politischen Kontroversen.

»Nie wieder Auschwitz!« wurde zum Motto »Nie wieder soll Massada fallen!« umgeschmolzen und vergegenwärtigt.

Zusammenfassend stellt sich die Schicksalsfrage: Können Gedenkstätten weltweit, ohne mit einer intensiven, Völker- und Religionen übergreifenden Erziehungarbeit verbunden zu sein, einen weiteren Völkermord verhindern?

Ohne unser aller gemeinsamen Einsatz beim Abbau von Feindbildern und Vorurteilen werden Steinbauten versagen müssen!

Deutschland jedenfalls wird die Schatten des Holocaust so schnell nicht los werden:

- Der Genozid reizt die Vergessen-Wollenden;
- der Genozid quält die Gewissenhaften;
- und er erregt noch immer die Besinnlichen.

Ja, Deutschland ist den braunen Flegeljahren entwachsen. Dies muß aber – im Lichte der deutschen Vergangenheit und der heutigen neofaschistischen Umtriebe – mit Nachdruck immer wieder bewiesen werden. Eine Chance der Bewährung, die diese Republik dringend wahrnehmen sollte – vor sich selbst, vor ihrer Geschichte, vor den Nachbarvölkern und vor aller Welt.

Das Fünfwort des Miteinanders

Zur Anbahnung eines besseren Miteinanders sollten wir alle uns auf fünf bewährte Tugenden besinnen:

1. *Konfliktfähigkeit – ohne Abbruch von Brükken –, um gewaltlos Kontroversen zu bewältigen.*
2. *Dialogbereitschaft – in allen Bereichen der Gesellschaft, von der Religion bis in die Politik.*
3. *Kompromißwille – mit uns selbst zuerst, aber auch mit dem Gegner, der jedoch entfeindet werden soll.*
4. *Einfühlsamkeit – in Kopf und Herz der Kontrahenten, deren Schmerzgrenze nicht überschritten werden darf.*
5. *Geduld – ganz im Sinne jenes Rabbis, der da sagte: Jede Streitfrage hat, zutiefst gesehen, drei Seiten: Deine Seite – meine Seite – und die richtige Seite.*